陕西出版资金资助项目

溯水而上
汉水文化寻访之旅

张惠 ◎ 著

SUSHUI ER SHANG
HANSHUI WENHUA XUNFANG ZHI LV

陕西师范大学出版总社

图书代号　　SK16N1170

图书在版编目（CIP）数据

溯水而上：汉水文化寻访之旅/张惠著. —西安：陕西师范大学出版总社有限公司，2016.10
　ISBN 978-7-5613-8665-1

　Ⅰ.①溯… Ⅱ.①张… Ⅲ.①汉水—流域—文化史—研究 Ⅳ.①K296

中国版本图书馆CIP数据核字（2016）第235343号

溯水而上——汉水文化寻访之旅
张　惠　著

责任编辑	王慧子	
责任校对	刘存龙	
封面设计	前　程	
出版发行	陕西师范大学出版总社	
	（西安市长安南路199号　邮编710062）	
网　　址	http://www.snupg.com	
印　　刷	陕西金和印务有限公司	
开　　本	700mm×1020mm　1/16	
印　　张	16.25	
字　　数	160千	
版　　次	2016年10月第1版	
印　　次	2016年10月第1次印刷	
书　　号	ISBN 978-7-5613-8665-1	
定　　价	48.00元	

读者购书、书店添货或发现印刷装订问题，影响阅读，请与营销部联系、调换。
电话：(029) 85307864　　传真：(029) 85303879

前 言

汉水,古时称沔水,是中华文明的重要发祥地之一。作为中国境内一条历史悠久的文化之河,汉水在中华民族的发展过程中,起着重要的作用。

对于汉水,我并不陌生,汉水河畔是我的故地家园,我生于斯长于斯。

记忆里最熟悉的,就是我小时候在汉水边嬉戏玩闹的场景。这条时而汹涌、时而平静的江流,成为我成长过程中不可或缺的一个部分。

母亲说我从小就恋上了汉水,才蹒跚学步时,就喜欢在汉江中嬉水。夏天的时候,父亲常常用绳子系住我的腰,任凭我在江边的浅滩处扑腾嬉闹。稍大些,便开始在汉江里尝试学习游泳,竟也无师自通地学会了拙劣的狗刨。清冽的江水,让每一个夏天都留下了凉爽和清新的回忆。

汉江的四季都有着别样的美。

春天,万物复苏的时候,汉江也渐渐开始苏醒,浅处的滩涂尚留有薄冰,但江水的深处,已是暗流涌动,水声潺潺。虽然天气依旧寒冷,但汉江已经泛起了温暖的气息。夏天,是汉江最热闹的季节,一到傍晚,就有许多人在江边纳凉,也有不少人在江水里翻腾游玩。年龄偏小的孩子,在父母的带领下,腰里系了游泳圈,纷纷跳进水中嬉戏玩闹。辽阔的汉江,用这份清凉,洗去沿江居民积蓄了整整一天的燥热暑气。而秋天,则是汉江最静谧的时刻，江岸边少了游玩的人们，只有成片浓密的白色芦苇，像海面上的风帆一般，在风中摇曳。中学时代，我最爱在秋天的午后，独自骑车到江边，在茂密的白杨树林里闲坐看书，那熟悉的场景到现在还时常萦绕在我的脑海里。那时的江水，清澈见底，坐在岸边的大石头上，能看见水底游弋的小鱼和水藻。即便是在万物萧索、寒气逼人的冬季，只有枯萎的芦苇残梗还摇曳在寒风中，但远望江面，汉江依旧有苍茫而辽阔的意境，宛如元代画家倪瓒笔下的山水画一般。

就是这样一条蜿蜒美丽的江水，如一位有着绝世容颜的女子，娉娉婷婷，顾盼生姿，不但创造出了许多丰富的自然景观，还孕育出无数脍炙人口的故事。

《诗经》中就有记录汉水女神的诗句："南有乔木，不可休思；汉有游女，不可求思。"历朝历代，许多文人墨客、英雄豪杰都曾游历汉水，并为之留下华美的篇章，记述了汉水的博大和深沉。

人们常说，黄河是中华民族的母亲河，黄河与长江的交融，创造了中华民族几千年的悠久历史和灿烂文化。而汉水，作为长江最长的支流，在中华文明发展的历史进程中，扮演了极为重要的角色。

我常常遐想，在千百年前，汉水是怎样的模样？它必不同于我现在所看到的样子。或许，那些深藏于历史中的印记，是需要漫长的时间去验证和寻觅的。

于是，我尝试用另一种形式——文字和图画，去还原一个我所认识的汉水原貌。即便这些文字并不足以表达汉水的丰富内涵，图画也并不能够完全表现汉水风貌，但我仍愿努力做到，去真实地感受和了解。毕竟，汉水之畔是我的成长之地和精神家园，是我深情热爱的故土。

汉水是我血液里流淌不息、眷恋不已的母亲河。

在这本书中,既有关于汉水文化的历史典故,也有个人的思想见解,更多的是通过对建筑、艺术以及汉水流域百姓日常生活的细致观察和体会,得出对汉水文化新的认识和理解。

希望这本书,对读者能有所帮助。

目 录
CONTENTS

下游，是梦苏醒的地方

3	汉江的归宿
12	楚文化的遗迹
23	汉口码头的传说
32	黄鹤楼之往昔
44	书院的钟声
51	沔阳皮影
58	江陵古城墙
66	荆州随想——老街

中游，是梦前行的地方

77	诗城襄阳
87	古隆中诸葛庐
95	沧浪绿水

上游，是梦开始的地方

道茶之风	107
紫阳民歌	115
陕南的梯田	125
后柳镇的岁月和时光	135
茶乡的味道	142
古洋洲和朱鹮的故事	152
张良庙与紫柏山	164
汉中"古渡口"的回忆	175
石门栈道和汉魏"十三品"	186
汉中往事	199
宁强老县城的记忆	221
陈华春和他的画像砖	230
汉水之源	240
后记	249

关于下游

下游,是梦苏醒的地方

下游，是梦苏醒的地方。

如果把一条河流当作一个梦境，河流的末端，就是梦苏醒的地方。

行走在纷繁匆忙的大都市里，很容易让人迷失方向。站在波涛浩渺的江边，才有了几分回归家园的感觉。

生命是从山谷中的一束清泉开始的，悄无声息，缓缓流过静谧的溪谷和山坡，再穿越城镇，经过无数的滩涂和堤岸，渐渐壮大，最终汇成气势雄伟的江河。

流经的历程，就是生命的历程。

每一段生命的过程，都蕴含了丰富的故事。水，尤其如此。水的生命是涓涓不息的，它从一条弱小的支流渐渐演变成宽广的江河，每一次的汇合，都是一次生命的重组。

或许，世界上再没有什么能像水一样拥有如此博大宽广的胸襟了。我们常常把江河比作母亲，把它所给予的资源比作乳汁，千百年来，江河用其丰富的自然资源养育了沿岸的人们，并孕育出了辉煌的历史和文化。

长江和黄河组成了华夏文明主要的文化脉络，汉江虽然只是长江的一个分支，却也在文化的创造历程中起到了极为重要的作用。由汉至楚，1000多公里的行程，衍生出了许多内容和形式不同的文化，厚重而深远。

如今，我从楚地出发，即将沿着这条逶迤漫长的江水蜿蜒而上，寻觅那些历经千年的古镇和城池，以及生活在那儿的人们和那些关于汉水的故事与传说。

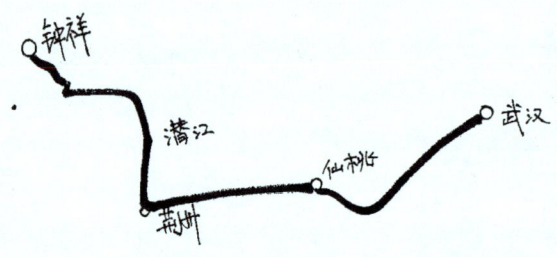

汉水下游示意图

汉江的归宿

汉江，又名汉水，上源玉带河出陕西西南部宁强县，东流到勉县东和褒河汇合后称汉江。东南流经陕西省南部、湖北省西北部和中部，在武汉市入长江。全长1532公里，流域面积16.88万平方公里，均居长江诸支流之冠。作为长江最大的支流，汉水无疑是其主动脉。

武汉素来有"江城"之称，武汉三镇位于长江、汉江交汇处，为武昌（今武昌区、青山区、洪山区）、汉口（今江汉区、江岸区、硚口区）、汉阳（今汉阳区）三座城镇的合称。

武汉长江大桥有"万里长江第一桥"之称，举目远望，这座巨大的用钢筋水泥铸就的雄伟大桥，就横卧在宽阔的江面上。厚重的水泥桥墩，支撑起钢铁的桥架和桥面。上层，不断有汹涌的车流和人流通过，络绎不绝；下层，则是火车车道，时不时会听见火车经过时所发出的沉重的声音，以及响亮的鸣笛声。桥下，是浑浊的江水，大大小小的船只，航行在江面上。

当年，毛泽东曾作诗赞颂过这座雄伟的大桥："风樯动，龟蛇静，起宏图。一桥飞架南北，天堑变通途……"据说，武汉长江大桥未建成时，南北两岸的交通全凭船渡，倘若遇上天气不好或涨水季节，经常导致交通被阻断，极大地影响了南北两岸人民的生活。大桥建成后，便不再受这些外界因素的影响，保证了南北两岸的交通通畅。

江边，砌了高高的水泥台阶，其中一大部分已经没入了江水中。不远处，就是人潮涌动的渡口，不少客轮停泊在此，接送来来往往的游客。临江大道上，车水马龙，人头攒动。

再远，能看见高高耸立的电视塔。

站在桥上向下看去，只见一片滔滔的江水，水色浑浊，如同黄河一般。船只行过，便有微微的波浪卷起，偶尔也能看见隐隐的暗流和漩涡。在江水的尽头，有淡淡的雾霭，朦胧中，水天交接处似乎成了一个整体。那些高低错落的楼群，此时，反而如同海市蜃楼一般，缥缈而不真实。

汉江是从这里汇入长江的吗？我想，答案应该是否定的。

武汉长江大桥

倘若要追问汉江与长江具体的交汇处在哪儿,老武汉人会用带有浓重武汉口音的普通话告诉你:"在汉阳的南岸嘴与汉口的龙王庙之间。"

于是,坐车前往晴川街的汉水河畔,想看看汉水的最终归宿。

依旧站在高处眺望,青绿色的汉水,正沿着"U"形的江岸缓缓汇入长江。一边浑浊、一边清澈,泾渭分明。由于长江含沙量较高,因此水色浑浊;而汉江的含沙量较低,故水色相对比较清澈。远远望去,青绿的汉水与浑黄的长江悄无声息地交汇在了一起,波澜不惊的江面上,还浮着层层绿色的藻类,随着江水,慢慢移动。

据说,这里曾经过了数次重修,才有今天的规模。以前的龙王庙河道

夕阳下的两江交汇处

狭窄，坡岸陡峭，一旦遇到江水暴涨，就会发生水灾，江堤也被冲毁过数次。人们为了祈求平安和水道通畅，曾经专门在此修建了一座龙王庙，定期祭祀。如今，经过数次的修建和改造，昔日的龙王庙早已不在，而关于它的故事，却在民间一直流传，龙王庙的名称也一直延续下来，没有改变。

由于汉水与长江交汇处地形特殊，"S"形的弯道使水流变得更加湍急。尤其是每年的春季，当地人说，一旦汉水的水位高于长江，入江口这一段的水流便汹涌急迫，漩涡重重，轮船也不得不因此而停航。随着流水的侵袭，汉阳与汉口的坡岸也在逐渐地发生着变化：汉阳的坡岸渐渐崩塌，导致河岸线后移；而汉口的河岸则因泥沙的堆积，河岸线前移，慢慢形成了坡岸。现在长江的江面比以前宽了许多。20世纪60年代的时候，也不过是现在的一半罢了。

如今，汉口的岸边，有许多地方已是一片厚厚的沙滩。人们常常在此休闲散步，一年四季，这里都不乏游泳者和钓鱼者的身影。

虽然新建的大桥方便了两岸的交通，但轮渡依旧是江城的一大特色。江岸边分布着许多大大小小的轮渡码头，包括著名的集家嘴轮渡码头。据说明嘉靖元年（1552年），朱厚熜从钟祥出发，经此处赴北京继承皇位，因此后人把这个渡口称为"接驾嘴"，后来因这里码头多做转运粮食之用，又改称为"集家嘴"。

经过武汉市数年的码头改建，这个曾经的旧码头，已经逐渐变得现代化起来。船渡用铝合金做了高大的围栏，分隔开入口处与出口处。连接渡口的黑色大铁门虚掩着，旁边贴着印有武汉轮渡公司标志的"轮渡集家嘴"字样。从门外往里看，大大小小的驳船连接成长长的通道，通过这里，就进入售票处，再经由入口登上渡船。这里曾是汉阳与汉口主要的交通点，从最早的小木船摆渡，到后来的机械化客轮，其间也经历了不少的风风雨

江边，钓鱼的人

雨和岁月征程。而随着晴川桥的修建和落成，码头的轮渡逐渐衰落，目前也只有发往武昌的了。但每天仍有大量游客和居民，在轮渡之间穿梭往返，轮渡的意义已经不再只是一种交通工具，它承载着岁月留下的关于江城的一种生活记忆。

俯瞰脚下缓缓流动的江水，不禁让我去追寻汉水的生命历程。生于深山峡谷的汉水，清澈而甘洌，蕴含着大山的野气和清透。默默地从一潭清池，汇成溪流，越过坡地、浅滩、高山和平川，历经无数波折，最终汇集于此，成为长江的一部分，而后又将随着滔滔江水，一起注入茫茫的东海。

汉水在我心里永远都是清澈和完美的。我自小在汉水边长大，对汉江有着特别深厚的感情，那些深藏于记忆中的点点滴滴，都成了生命中不可磨灭的印迹。而汉水流经的地方，又孕育出了丰富厚重的历史文化。巍巍巴山，滔滔江水，千年来所经历的烽火硝烟、浪漫的传说故事，都在这浩荡的江水中慢慢沉淀。

　　沿江岸游走，思绪也随着过往沉浮，飘荡到了远在千里之外的家乡。这里的江堤与家乡一样，修葺得现代而壮观：整齐的路灯、干净的路面、雅致的栏杆……在倾斜的坡面上，能看到灰绿的杂草在初冬的日子里，随着江面的寒风轻轻晃动。

　　远处，游轮高声鸣笛，在江面上缓缓前行；岸边，依旧是那高高矗立

江边小路

的建筑群。城市,这座巨大的堡垒,每天在以惊人的速度发展壮大着,唯一不变的,是身边奔流不息的江水,日复一日,年复一年。

在距离武汉长江大桥不远的地方,还横跨着另一座桥——晴川桥。第一眼看到它的时候,我的脑海中浮现出的是家乡褒斜水库上的那座"彩虹桥",两者是如此相像。巨大的红色圆拱,像一道彩虹,将汉口与汉阳连接起来。远远望去,纤长笔直的钢索,使得整座桥像一把巨大的竖琴,横卧在江面上,雄伟而壮观。

站在岸边举目远眺,能清楚地看到高高的电视塔和巍峨的黄鹤楼,现代化的建筑与古代的建筑相互呼应,似乎是历史的一种错位。恍惚间,过

远眺晴川桥

去与现在彼此交错，相互融合。

不由得想起唐代诗人崔颢的那首《黄鹤楼》："昔人已乘黄鹤去，此地空余黄鹤楼。黄鹤一去不复返，白云千载空悠悠。晴川历历汉阳树，芳草萋萋鹦鹉洲。日暮乡关何处是？烟波江上使人愁。"

诗人描述的是某个风和日丽的日子里，汉水北岸，树木郁郁葱葱。和煦的阳光洒满江面，鹦鹉洲上也长满了茂盛的草木。时光流逝，日暮渐近，却不知道哪里才是自己的家乡。在那浩渺的江面上，烟波袅袅，不觉心境悠然，反倒生出许多愁绪。

那时的汉水，应是怎样的模样？江水滔滔，连绵不绝，或许比现在还要宽广。倚江观望，那高檐尖角的黄鹤楼在诗人的眼中，怎么也抵不过淡淡的一缕乡愁。

天色渐渐暗淡下来，暮色将近，江面上投下的最后一缕阳光，随着波涛，轻轻地晃动着。抬头，那些高楼大厦、亭台楼阁都变成了剪影，融在尚暖的阳光里。晴川桥，虽然也已经看不真切，但它巨大的桥体依然巍峨，高高挺立在江面上。

此时，我才体会到了诗人的感受，走过万水千山，所不能忘记的，其实一直是故乡的那条河流。而此时我眼前的汉水，已不再是故乡的汉水，经过与无数条河流的交融，汉水已由原本清浅的小溪，变成了奔腾汹涌的大江，山野的气息在漫长的旅程中已经渐渐消失。与长江的融合，其实也是一次生命的重组。世间所有的生命，都是在成长中慢慢壮大和丰富起来的。

与其他省级大城市一样，武汉具有繁华的街道和商业街区，以及高密度的人口和高速发展的经济。汉江与长江给予了这座古城更多的经济发展机会和便利条件，日新月异的科技和城市改革，让古城在历史的发展中愈发显得生机勃勃。如果说，悠久的历史赋予了武汉厚重的城市文化底蕴，那么新时代则给予了武汉更多的生命力。城市不断扩大，建筑群大规模拔地而起，商业的无限繁荣，航运业和经济的腾飞，都预示了武汉这座城市不断走向国际化的未来趋势。但在不断改变和发展的城市背后，总有那么一些东西是不能改变的，比如那些历史和岁月赋予这座古老城市的沧桑感，只有在行走的过程中才能深深体会。

楚文化的遗迹

在汉水文化当中，楚文化是其重要的一支。楚国是一个于西周早期兴起于丹水之阳、封国于睢荆之间，春秋时期崛起于汉江、问鼎于中原，战国时代地方5000公里、带甲上百万的诸侯大国。楚国不仅有雄厚的实力，还拥有丰富多彩的文化——楚文化。

《史记·楚世家》说芈姓源于祝融部落，祝融则源于颛顼，颛顼高阳氏。《离骚》开头就言"帝高阳之苗裔兮"，即宗高阳之意。祝融的故墟在今河南省新郑市一带，其后人分为八姓：己、董、彭、秃、妘、曹、斟、芈。[①] 芈姓后裔熊绎受周成王之封，从中原迁到楚地，由此建立了楚国。楚人迁居荆楚之地后与虞舜时期迁居至此的古三苗民族的后裔融为一体，形成了既有中原文化血脉、又不同于中原文化的楚文化。[②]

楚文化是一种具有浓厚神秘色彩的文化，有如下特点：

第一，从生活习俗和宗教信仰来看，楚人信巫鬼，重淫祀。影响到艺术则是乐舞盛行。第二，从思维方式上看，楚文化具有浓厚的非理性色彩。楚人认为万事万物都有生命和力量，因而其

[①] 过常宝著，《楚辞与原始宗教》，中国人民大学出版社，2014年，第1页。
[②] 陈莉著，《中国审美文化简史》，中央民族大学出版社，2014年，第59—60页。

文化具有人神相通、人神兽鬼纠结不分、现实和想象混为一体的特点。庄子的散文、屈原的《离骚》都有着对人神交往、飘然飞升的情景的描写。第三，从文化习俗来看，楚人崇日、崇火，尊崇凤鸟。传说楚人的先祖祝融在远古之时就是火神，凤鸟是祝融的化身，因而楚人崇拜火，崇拜日，以凤为图腾，认为凤是至善至美的神鸟。第四，楚国艺术具有想象神奇、情感强烈、色彩浓艳等特点。如《楚辞》《山海经》等均描绘出了一个色彩缤纷艳丽、感情炽热淋漓、想象奇特无羁，且具有原始蛮荒野性的艺术世界。①

对于一个旅者来说，想要最快地了解当地文化，那么博物馆确实是一

湖北省博物馆

---

① 陈莉著，《中国审美文化简史》，中央民族大学出版社，2014年，第60页。

个不错的选择,因为那里是一座城市历史和文化融合的地方。在博物馆里,可以了解到历代文化的传承和兴衰,以及时代的变迁所带来的文化的变革和延续。

因此,参观湖北省博物馆便成了此次下游之行的一个重要内容。

在东湖之滨,我找到了这座巨大的灰色建筑。与其他大多数城市的博物馆几乎相同的是,湖北省博物馆也采用了一主馆、两侧馆的分布形式,体现了中国传统建筑中轴对称的形式和格局。中间围起了偌大的广场和空地,修剪整齐的苗圃分列在四周。不远处,主楼巍然挺立,蓝灰色的琉璃瓦在阳光的照耀下,熠熠生辉。

沿着宽阔高大的台阶往上走,就直接步入了博物馆的正厅。博物馆按照不同的文化类型,划分了不同的展厅,并举办了各种展览,如"楚文化展""屈家岭——长江中游的史前文化""盘龙城——长江中游的青铜文化""秦汉漆器艺术"等。许多都与楚地文化相关,但因时间有限,只能选取有代表性的展厅观摩了。

1978年夏,湖北省考古工作者在随县(今随州市)城关镇西北郊擂鼓墩附近配合中国人民解放军某部基建工程,清理发掘了擂鼓墩1号墓,因该墓墓主人是曾侯乙,故将此墓称为曾侯乙墓。[①]曾侯乙墓出土了大量珍贵文物,包括举世闻名的曾侯乙编钟、曾侯乙尊盘等,同时还出土了大量兵器、乐器、铸造精良的漆器、青铜器等,共15000多件,其中9件被定为国宝级文物。在博物馆里,有专为曾侯乙墓设置的展厅。

走进宽大的"曾侯乙墓"展厅,立刻感受到一股森严和肃穆。由于不是节假日,因此展厅里的人并不多,显得有些冷清。玻璃展台和展柜中,

---

① 郭德维著,《楚史·楚文化研究》,湖北人民出版社,2013年,第432页。

整齐地排列着各种文物，冷色的光透过玻璃，投射到地面上，更增添了几分神秘。

展柜中的大多数展品，都属于奴隶时期和战国时期。其中，三足的鼎、彝、豆、杯、壶、罐等，大多为礼器。古时楚地重祭祀、重礼仪，崇尚巫鬼文化，对祭祀用的礼器格外重视，因此在制作时不同于普通的青铜器皿。展厅中所展示的九鼎八簋，就是一套重要的礼器。它象征着权力和地位。自西周起，严格的礼乐制度便逐渐开始建立，楚文化中的礼制也基本沿袭了周礼，鼎、簋等青铜礼器是贵族身份等级的象征，也是国家尊严和权威的体现。因此，九鼎八簋在一定程度上，彰显了楚地森严的封建等级制度。传说夏禹收九牧之金铸成九鼎，以象征九州之意。鼎身上刻了魑魅魍魉的图案，提醒人们注意防范鬼魅及邪恶。古人常言"一言九鼎"，意即对王权的敬畏和尊重。夏商周以及春秋战国时期，都是青铜器发展的重要时期。这些礼器造型古朴，制作精美，均为楚地出土文物的精华。

除了祭祀所用的青铜礼器外，还有一些属于"明器"类的。所谓明器，就是为死者陪葬用的丧葬器物。在楚地的墓葬中也常常能够看到这样一些具有神秘色彩的明器。在曾侯乙墓中就出土了青铜制成的"鹿角立鹤"。鹿、鹤都是古人眼中的瑞兽，具有神力。将两者合二为一，便形成了一种新的吉祥神物，将其放置在墓中，可以起到辟邪守卫的目的。此外，许多青铜器的纹饰，如饕餮纹、蟠螭纹、蟠虺纹、蛇纹、龙纹、凤纹等，都遵从了这一理念。青铜器的纹样来源于生活和神话传说，例如，饕餮即为古时候一种贪食的凶猛怪兽，而蟠螭、蟠虺则取自蛇（小龙）的形象。龙与凤，是中国传统文化中的图腾，是将现实中的许多动物加以组合而创造出的新的形象。中国古人在现实和具象中，将其剥离和抽象化，并赋予了它神的力量，在这些弯曲盘绕的线性纹样中，楚地的巫鬼文化隐约可见。

在展厅中，重要的文物都是单独用玻璃展柜进行展示的，因此可以从各个角度进行全方位的欣赏。历经了千年的青铜器，已经失去了旧日的光彩，通体变得黝黑而粗糙，甚至有斑斑的锈迹，然而却掩盖不住历史所赋予它们的独特美感。质拙、朴实，又兼顾注重细节，是楚文化器物最突出的特点。例如，出土的各种楚式鼎中，早期的鼎样式都较为古朴，皆为圆腹宽口，有双耳或立足。有的腹身光洁无纹样，有的则在器身上浇铸出各种繁复的纹样，既突出了视觉美感又兼顾了实用性。当然，还有一些青铜器在造型和纹样上更加精美。例如：曾侯乙墓出土的提梁壶，圆腹、高颈、宽足。造型优雅、古朴大方。器身上遍布精致繁复的兽面纹，尤其是提梁部分，环环相扣，纹样精细，其精致程度令人惊叹。从某种意义上来讲，

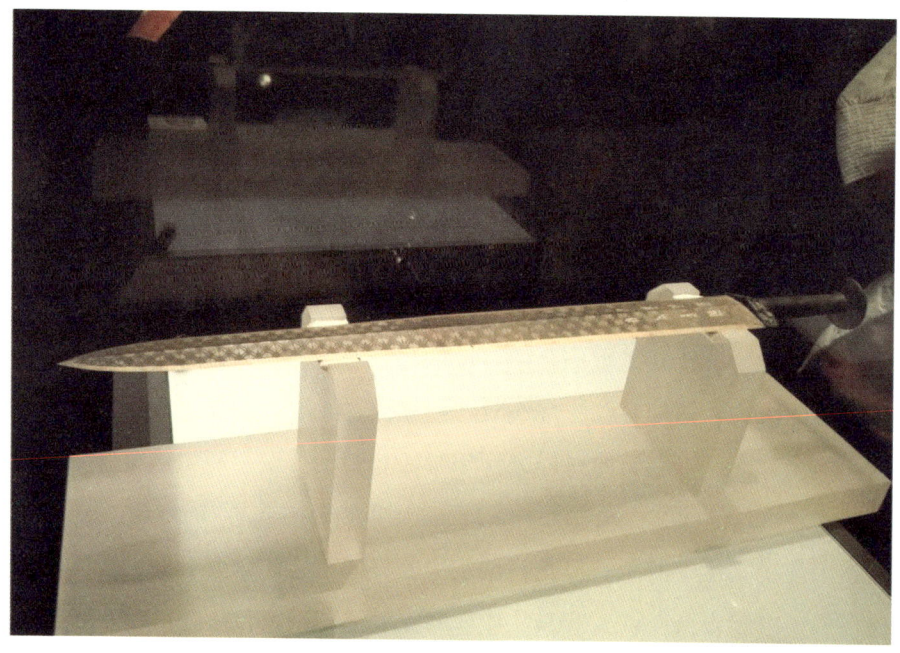

越王勾践剑

它已经脱离了日常用品的范畴，而更加接近工艺品的类型。

越王勾践剑和吴王夫差矛，是整个展厅重要的展品之一。勾践的剑风采依旧，夫差的矛经历了千年岁月，木质的手柄如今却已不存，只留下矛头，但依旧锋利无比，其清晰可见的几何纹样装饰图案，在灯光下，隐隐闪着清冷的光辉。

在曾侯乙墓展厅中，最吸引我的当属那组青铜编钟了。曾侯乙编钟包括钮钟19件，甬钟45件，外加楚惠王赠送的1件镈钟，共65件，总重量达2500多千克，是我国迄今发现数量最多、保存最好、音律最全、气势最宏伟的一套编钟。

青铜编钟

按形制之不同，全部编钟以大小和音高为序编成八组，悬挂在铜木结构的三层钟架上。钟上均有篆书铭文，绝大多数是错金文字，共 2800 余字，全面地反映了公元前 5 世纪我国在乐律学上所达到的高度。①鼓中部和左面分别标出不同音高，如宫、羽、宫曾等 22 个名称，另一面铸有律名、调式和高音名称以及曾国与楚、周、齐、晋的律名和音阶名称的对应关系。②另有一件镈钟，位于下层甬钟中间，形体硕大，钮呈双龙蛇形，龙体卷曲，回首后顾，蛇位于龙首之上，盘绕相对，动势跃然浮现。器表亦做蟠虺装饰，枚扁平。镈钟上的铭文，记述和表明了此镈钟是楚惠王赠送的殉葬品。

钟架为铜木结构，呈曲尺形。横梁木质，绘饰以漆，横梁两端有雕饰龙纹的青铜套。巨大的编钟彰显出威严和气势，钟基和钟架上繁复的花纹，则体现出对于细节的精致关注和处理。而那些作为支架的大小不一的铜人，则隐隐透出一种神秘的气息。这种独特的设计和风格，具有丰富的想象力和极佳的审美意识。由此可见，楚文化中，在依旧留存有鲜明的中原文化特征的同时，又吸收了一些少数民族的文化。从建筑到绘画，从衣饰到器皿，都表现出这一鲜明的风俗特点。

楚人素来"信巫鬼，重淫祀"。桓谭《新论》中曰："昔楚灵王骄逸轻下，简贤务鬼，信巫祝之道，斋戒洁鲜，以祀上帝，礼群神，躬执羽绂，起舞坛前。吴人来攻，其国人告急，而灵王鼓舞自若，顾应之曰：'寡人方祭上帝，乐明神，当蒙福祐焉。'"③王逸在《楚辞章句〈九歌〉》中，也记述道："昔楚国南郢之邑，沅湘之间，其俗信鬼而好祠。其祠必作歌乐鼓舞以乐诸神。"楚国特殊的历史和地理条件等，造成了楚国从宫廷到民间，鬼神之道倡炽，

---

① 贺云翱主编，《中华国宝图典》，山东画报出版社，2014 年，第 217 页。
② 盛文林编著，文物艺术鉴赏，北京工业大学出版社，2014 年，第 44 页。
③ 桓谭著，吴则虞辑校，《桓谭〈新论〉》，社会科学文献出版社，2014 年，第 19 页。

巫觋之风盛行。楚人对于神祇的膜拜，体现在其生活的方方面面。从楚地遗留下的各种物件上得以看出，无论是生活中普通的家具、漆奁，还是用于墓葬的漆棺，都将楚人对于神的敬畏描摹于上。他们希冀自己在死后，依然能保持生前的生活，且相信灵魂能够随便地出入墓穴。因此，在楚地的墓葬中，往往能够发现许多与神鬼相关的图腾和能够反映鬼神观念的物品，曾侯乙墓的漆棺即为其一。

在曾侯乙墓的漆棺上，绘制了许多中国传统文化中的神异图案，如扶桑树、太阳、月亮、蟾蜍、玉兔及伏羲、女娲等，这些根植于人们内心的神与物，用绘画的形式表现出来，主色调以红、黑两色为主。除此之外，还绘有头生双耳、背生羽翼、人面兽身的"羽人"，他们是人、兽、禽三者的结合体，酷似《山海经》中所描绘的形象，是用作守卫和护送死者灵魂升天的使者。

我对漆器情有独钟，只因为它们能够历经千年还依旧保持初始时鲜艳的色彩，黑色与红色，构成了漆器的主体色调。在幽冥的地下世界里，黑、红两色则带有鲜明的个性和思想。由于楚人认为自己是日神远裔、火神嫡嗣，又日与火皆为赤色，故而尚赤。漆器上鲜明的红，帛画中耀眼的朱色，包括衣饰上的红色图案……都是火神崇拜的象征。在楚地，火神，即为祝融，也称日神，又称东君，都是神话中的神祇。屈原在《楚辞•九歌•东君》中，曾写道："暾将出兮东方，照吾槛兮扶桑。"这是描绘太阳神的，那从东方冉冉升起，出自扶桑的便是太阳。《东君》作为祭祀太阳的乐歌，不仅用祭者和神灵交替歌唱的方式表现了日神战胜邪恶、为民除害的英雄气概，更赞颂了它普照万物、惩除邪恶、保佑众生的光辉形象，描绘了大众对太阳和光明的无限渴望。①

---

① 屈原著，亦文注，《楚辞：精装典藏本》，中国画报出版社，2014年，第46页。

神的印迹深深刻印在楚人的生活里，一切有生命的动植物，都在无形中，被赋予了神力，透出几分神秘。在其他各类展品中，也常常能见到神话的色彩和力量。从龙、凤到狮、虎、鹿、鹤，甚至最常见的植物，一旦演变成了能够看到与神相关的图腾和纹饰，便怪异、离奇，充满了各种神秘和想象。楚人对于生活的精致也表现在其间，例如用失蜡法铸就的曾侯乙青铜尊盘，就让人惊叹不已。这件青铜器整体呈喇叭状，上部为尊，下部为盘，是一种盛酒器。在春秋战国时期，尊为酒器，盘为水器，将二者合二为一，本身在设计上就已经是独具匠心了。而整件器身上精致繁复的花纹，更是看得人眼花缭乱。器身上部分装饰了蟠虺透空花纹，尊颈部则

曾侯乙青铜尊盘

饰以焦叶形蟠虺纹,优美的弧线设计,加强了器身整体的视觉效果。而尊颈与器腹之间加饰有四条圆雕的豹形伏兽,更为神奇的是,兽身也由透雕的蟠虺纹构成。尊腹、高足皆饰有细密精致的蟠虺纹,并装饰有高浮雕的虬龙四条。盘则有龙形四足与耳,均饰有蟠虺纹。耳下各有两条镂空的夔龙,夔龙相隔之间各饰有一条圆雕的蟠龙,首伏于口沿处。整座器物装饰精美,尤其是由失蜡法工艺所烧铸的镂空花纹,更是让人赞叹不已。坚硬的合金在充满了智慧的楚人手中,竟然能够烧铸成如发丝一般的精密,呈现出千丝万缕的视觉冲击力,让人叹为观止。

青铜鹿器坐底

游走在各类展厅中,隔着玻璃,凝神看着这些楚地的文化象征,心里升腾出一种特殊的感受。楚人遗留下来的器物,经历了漫长时间的磨砺,如今呈现在我们眼前是另一种不同的感觉。从某种意义上讲，它已脱离了传统器物的功能，是今人研究古代楚地文化的重要实物。几千年前，楚人将其智慧和对生活的理解，都以艺术的形式融入了这些青铜器中。我们惊讶于它们独特的造型、精美而繁复的花纹以及高超的制作工艺。由此不禁联想，巴山与楚地，相隔千里，却都依汉水而居，不同的地域，创造出不同的文化。沿着河流的脉络上行，我听到的，是跳动清晰的历史脉搏的声音。

湖北省博物馆

本文照片由梁曼、刘自斌提供

汉口码头的传说

自古以来,水都与人们的生活息息相关,大多数有水的地方,就会有人生活。久而久之,生活在临水地方的人们,便学会了利用水来运输货物,码头也应运而生。千百年来,汉水一路蜿蜒而下,流经之地,便会有大大小小的码头形成,各地的生活和文化,也经由码头互相交流和传递着。

汉水流域,最著名的码头,大概是汉中、襄阳和汉口的了。

汉武帝时期,汉水流域就已经开始大规模的开发,汉江依其独特的优势,成为一个重要的水上通道。上游盛产的茶叶、木材和各种药材,中游盛产的粮食、油等,都经由水路,再输送到更远的地方。于是汉水之滨在很早的时候,就开始设立商号,船运事业蓬勃发展,一直延续至今。汉口,由于地处汉江与长江的交汇处,因此,各地的商船大都在此地转运。汉口码头便成了汉水流域最大的码头和货船集中地。尤其是清初以来,汉口便是两湖淮盐分销、漕粮转运及农副土特产的贩运中心。清代学者刘献廷曾在《广阳杂记》里说:"汉口不特为楚省咽喉,而云贵、四川、湖南、广西、陕西、河南、江西之货,皆于此焉转输。"

从现今留存的汉口码头早期的黑白照片中,依旧隐约可以窥探当时码头的兴盛状况。大量的小舟和帆船云集在码头岸边,桅杆林立,人员嘈杂。脚夫们背着沉重的货物,来往于小船和岸边,有长长的石阶一直延伸至水中,浑浊的水面击打着河岸和船底。沿着高高的台阶向上,有一座类似牌坊的建筑，黑瓦白墙的民居密密麻麻排列其后。各色人员忙碌地穿行于码头与民居之间，可见当时码头生意的红火和繁盛。20世纪初，汉口码头已成为国际性的船运中心，每天聚集于此的国内外商船不计其数，中西方的文化经由水路在这里汇集。在当时的照片中，已经能够看到，传统的汉口码头正在逐渐变得国际化，传统的民居已经被高大的西式楼房所替代，建有高高的尖状塔楼。宽阔的江面上，停泊的大多是新式的木船和货轮。跟随着时代的脚步，汉口码头已经逐渐脱离了传统航运模式，朝着国际化的方向发展。

如今的汉口江滩货运码头

武汉码头经历了内河经济时代、大江经济时代和海洋经济时代三个阶段。内河经济时代是武汉码头发展的第一个阶段，早期的码头多为自然土坡，没有设立专门的泊船码头，比较原始和简单。木船靠岸时，一般用绳子系桩，或于土坡扎锚，货物及人上下船时，只需搭一个木板即可。乾隆元年（1736年），汉口修建了天宝巷码头，后来随着航运规模不断扩大，码头又逐渐向武昌方向发展，在武昌城北开凿了一条下新河，用以专泊来自下江的盐船，"河中所泊盐船常绵延十余里"，场面十分壮观。清人叶调元曾在《汉口竹枝词》中描绘这一时期汉口码头的繁盛："廿里长街八码头，陆多车轿水多舟。"

大江经济时代是指在19世纪60年代汉口开埠后，各大国外洋行为了方便进行商业贸易，纷纷建立自己的企业专用码头，同时开辟了通往日本、德国、埃及、荷兰、法国等国家的国际航线。港口码头业的迅速繁荣和发展，使得武汉成为近代中国重要的对外贸易口岸之一，一直延续到20世纪七八十年代。

经历了数百年的发展，汉口码头也逐渐由内陆向海洋发展，由内向型经济向外向型经济转变，海洋经济由此得来。现在的武汉港口已经成为极具现代化规模的国际性港口，贸易范围也已扩大到金融、物流、高新技术及服务业等，航运主线由长江向海洋延伸。计划于2030年完全建成的武汉新港将是集现代航运物流、综合保税服务、临港产业开发为一体的现代港、国际港和枢纽港。一个新型的武汉，正在港口贸易的推动下呈现出勃勃生机。

如今的汉口码头，确切地说，已经不是传统意义上的码头了，而是完全标准的国际化进出口贸易港口。每天，从这里起航或转运的货轮和客轮不计其数，辽阔的江面上，尽是巨大的轮船，进进出出，一片繁忙的景象。

武汉长江大桥　　徐意提供

再远处,是一片高大的建筑楼群,密密麻麻地伫立在地平线上,那是新兴发展的武汉。城市的崛起,象征着新时代的进步,同时也意味着旧时代的逝去。

临江遥望,暮色中的江水,在一片灯火的映衬下,愈发显得浑浊起来。高楼和灯火的倒影,倒映在这茫茫的水面,江水越发显得雄浑。

那么,汉口的码头究竟是从什么时候开始繁盛起来的呢?

明末清初时,汉口就已经成为中部地区集散商货的著名码头,来自全国各地的货船数以万计。清代乾隆年间,汉口修建的天宝巷码头已独具规模。清道光三十年(1850年),汉口有艾家嘴、关圣祠、武圣庙、老官庙、接驾嘴、大码头、四官殿、花楼等8座码头,几乎全部分布在汉水沿岸。据1868年《汉口镇图》所示,汉口汉水沿岸从硚口到龙王庙沿江,码头增至35个;长江沿岸从龙王庙至武汉关长江沿岸码头,从无到有,增至16个。汉口开埠后随着租界的建立和长江近代轮运的日益发展,长江沿岸相继拓建了一批近代轮运码头。19世纪末20世纪初,这类码头发展到14个,其中8个在租界内,6个在与租界相连的江边……到1926年,汉口方面仅由外国洋行经营的大大小小的"洋"码头,即达87个之多。[1]用老武汉的话来说,汉口码头是不夜港,甚至有"东方芝加哥"的美誉。汉口的诸多码头,曾经是武汉20世纪经济发展黄金时期的经典代表。

伴随着码头的兴盛,码头文化也应运而生。会馆、生意场、茶馆、庙会等文化场共同组成了热闹的码头文化。武汉是一个典型的移民城市。据《夏口县志》统计,清末民初,汉口名会馆、公所约200处。巨大的商机自然吸引了无数来自于湖南、江西、安徽等地的商客在此谋生。他们各自占地为界,常因利益纷争而产生矛盾,并常用武力解决问题。帮派的争斗和地域文化的融合,成为码头文化的重要内容。当然,活跃于码头的还有大量的船夫和工人,他们常年流动在港口,靠卖苦力为生,人员数量庞大。

江滩公园雕塑

---

[1] 《武汉文史资料》编辑部,《武汉文史资料·汉口五百年》,武汉市政协文史资料委员会,1996年,第65页。

长江上的客轮

而今武汉市政府在汉口江滩设立了许多码头文化的雕像,其中一部分反映的就是旧时候汉口码头工人的生活和劳作情景。有侧身拉网的渔民,有正奋力拉船和扛货的工人,还有挑了扁担、歇坐在一边的老人。码头工人皆穿了简易的褂衫,露出坚实的胸膛和肌肉。双腿蹬地,沉重的包袱压在厚实的肩膀上,似乎有些不堪重负,但是脸上却写满坚毅和从容。老人的脸上则满是岁月的风尘和沧桑,哪怕是一块斜支的舢板,也刻满了历史的印迹。行走在其中,耳边似乎还能听到那曾经响彻江岸的号子声:"嗨呵呵!嗨呵——"

颇费周折地找到了文昌门码头,如今它已被荒弃,在冬日的斜阳里,显得有些荒凉。红砂石的驳岸经年累月风蚀水浸,已经快看不出原来的模样。青石的台阶静静地伫立在江边,其中一截隐没在水中,水色浑浊,几乎看不清水下的情形。江边的湿地上长满了高大的芦苇,白色的芦苇丛在寒风中瑟瑟摇摆,更平添了几分寒意。有拎着渔网的老人,挽了裤腿,在江边捕鱼。还有不畏严寒的人,在江水中冬泳。不远处,还有运沙船拉响了鸣笛缓缓开过。

听来这里冬泳的人说,文昌门码头早就废弃多年了,原来是很繁华的,后来随着新的城市规划,这里已经不再是码头,而成为市民闲时散步的场所,也有人常常来这里捕捞小鱼小虾。这一片宽广的水域,如今成了冬泳爱好者们的乐园,每年冬天,他们都会聚集到此地,搏浪戏水,挑战严寒。

我试图探寻一些关于汉口码头过去的故事,老人们却都摇头,似乎那已经是一段很久远的历史了。然而,在很多武汉人的心中,码头是他们的骄傲。从小生活在江边的张师傅,做了一辈子的码头工人,如今他已经80多岁了。但是回忆起过去那段难忘的岁月,张师傅仍然会有许多感慨。

"那时候没有现代化的工具和器械,所有的货物都得靠两只肩膀去搬、去扛。没有一把子好力气,在码头上是混不上饭吃的。"

他还说,最难忘却的是码头号子。繁重的码头工作,倘若没有码头号子作为劳动的动力,那些沉重如山的货物,对人来说,无疑是一个巨大的负担。号子是团结码头工人的力量,也代表着码头工人万众一心的决定和勇气。

> 嗨呀嚯嗨，浑身是劲力无穷。
> 公路铁路作扁担，长江当作搭肩用。
> 一声号子哟仓谷满，两手一挥哟货仓空。

从张师傅口中听到的隔了将近半个多世纪的号子，仍旧有着极大的震撼力。想当年，在压力重重的码头上，工人们就是靠这些强有力的号子，支撑着自己心底的信念，为自己和家人谋得一份生存的保障。通过这些呐喊，我们依然能体会到他们被压迫在心底的那份艰辛和痛苦。

武汉是一个开放的包容的城市，如同长江容纳百川一样，它的文化无疑也是多元的。现在走在宝庆码头的街面上，仍然会听到许多外地方言，最多的是湖南话。明清时，由于汉口水陆发达，交通便利，因此就不断有湖南宝庆（今邵阳市）人迁徙到武汉来谋生活，并将当地所产的一些物产通过水路运到汉口，许多湖南人也就随船留在了武汉。

在码头的全盛时期，谁控制了码头，谁就控制了集散和流通的业务，控制了一个经济增长点。因此，在旧社会，码头之间的械斗，即"打码头"，是经常发生的事情。当年湖南宝庆帮商人与徽帮商人为争夺汉口宝庆码头，展开了长达百余年的争斗。码头实行的是把头制，由把头设置"衙役"，发放"信牌"。码头头佬与地痞流氓、帮会势力相互勾结，分块割据，在势力范围内开设烟馆、赌馆、娼馆，以致码头上地头蛇横行霸道，黑社会势力活动狂獗，殴打、械斗事件不断发生。仅据1947年市政府关于《汉口市纠纷案卷》中大大缩小了的官方统计，全市码头械斗纠纷共有965起，平均每月发生80多起。①

---

① 涂文学主编，《武汉通史》（民国卷·下），武汉出版社，2006年，第343页。

汉口的码头文化恐怕是只言片语难以描述的。汉水造就了不同地域的文化，并将其融合，形成了新的富有地方特色的文化圈，这些都包容在汉口的码头文化中。对于武汉来说，码头是一段过去的历史；对于武汉人来说，码头是曾经的一段记忆。对于过去，精彩往事已成追忆；但是对于现在和将来，码头却充满了蓬勃的生机。我们不断地回望历史，又在历史中不断地发展和创新。码头，不只是一个故事，更多的是包容在其中的生活。

如此，历久弥新，让人回味。

汉口江滩

本文照片由梁曼、刘跃辉提供

黄鹤楼之往昔

记得小时候曾背过唐代诗人崔颢的《黄鹤楼》，至今仍朗朗上口：

> 昔人已乘黄鹤去，此地空余黄鹤楼。
> 黄鹤一去不复返，白云千载空悠悠。
> 晴川历历汉阳树，芳草萋萋鹦鹉洲。
> 日暮乡关何处是？烟波江上使人愁。

来到武汉，不去黄鹤楼似乎有些遗憾。每一个地方，总会有一个独具代表性的建筑，一如北京的故宫、南京的夫子庙、西安的钟鼓楼。无形中，这些建筑已经成为它们所在城市的地标，行走其间，能够感受到它们厚重的历史和丰富的文化，还有蕴含其中的浓郁的地方人文气息。

在武汉提到黄鹤楼，无人不晓。它享有"天下第一楼""天下绝景"之称，与晴川阁和古琴台并称为武汉的三大名胜。相传黄鹤楼原建于黄鹄矶（今武汉蛇山），"鹄"与"鹤"一音之转，故云"黄鹤楼"。唐代李吉甫在《元和郡县图志》中记载："吴黄武二年（223年），城江夏，以安屯戍地也。城西临大江，西南角因矶为楼，名黄鹤楼。"赤壁大战后，孙、刘联盟解体，东吴大将吕蒙夺回荆州，刘备亲率十几万大军伐吴。公元223年，吴国在夏口的黄鹄矶上，修建了用于军事瞭望的黄鹤楼。

远观黄鹤楼

尽管黄鹤楼最初是一座军事建筑，但仍留下了许多关于它的美丽传说，如萧子显在《南齐书》中写道："夏口城据黄鹄矶，世传仙人子安，乘黄鹄过此上也。"宋代乐史在《太平寰宇记》中认为，黄鹤楼之所以得名，是由于三国时期的蜀汉大臣费祎登仙，驾黄鹤在此憩息的缘故。而其中最为著名的传说就是《报应录》中记载的"黄鹤舞蹈，破壁而出"的故事。

辛氏昔沽酒为业，一先生来，魁伟褴褛，从容谓辛氏曰：许饮酒否？辛氏不敢辞，饮以巨杯。如此半岁，辛氏少无倦色，一日先生谓辛曰，多负酒债，无可酬汝，遂取小篮橘皮，画鹤于壁，乃为黄色，而坐者拍手吹之，黄鹤蹁跹而舞，合律应节，故众人费钱观之。十年许，而辛氏累巨万，后先生飘然至，辛氏谢曰，愿为先生供给如意，先生笑曰：吾岂为此，忽取笛吹数弄，须臾白云自空下，画鹤飞来，先生前遂跨鹤乘云而去，于此辛氏建楼，名曰黄鹤。①

说的是古代有一个姓辛的人以卖酒为生，有一天来了一个身材魁梧但衣衫破烂的人，向其乞酒喝。辛老板随即盛了一大杯酒给他，这客人每天如此来乞酒喝，有半年时间，辛老板从未怠慢他。有一天，这客人告诉辛老板："我欠你许多酒钱，无法还你。"于是从篮子里拿出一块橘子皮，在墙壁上画了一只鹤。如果用手打节拍唱歌，这只鹤便翩翩起舞，由此招揽了不少客人慕名而来，辛老板也因此获得了大量财富。十年后，这位衣衫褴褛的客人又来了，辛老板急忙感谢，并愿供养他。客人笑着回答："我并不是为此而来的。"他取出笛子，吹了几首曲子，没多久，只见一朵朵白云从天而降，

---

① 徐潜主编，《中国古代著名建筑》，吉林文史出版社，2014年，第167—168页。

黄鹤楼公园外景

黄鹤楼公园

墙壁上的鹤也随白云飘落下来，客人随即骑鹤而去。后来，辛老板为了纪念此事，便在此修建了一座楼，命名为"黄鹤楼"。

此处还相传黄鹤楼曾是吕洞宾传道、修行和教化的场所。《道藏·历世真仙体道通鉴》中有文字记载："吕祖以五月二十日登黄鹤楼，午刻升天而去。故留成仙圣迹。"

我沿着高高的台阶缓步上行，走过高大的山门，至半山腰时转身回望，只见不远处的楼房，鳞次栉比，密密麻麻，紧紧地拥在一起。马路上，车流滚滚，人头攒动。远处，是一片宽广的江面，水色苍茫。江岸那边，是一片更加密集的建筑，繁闹而喧嚣。相比之下，这里倒显得平静许多，虽有游人来来往往，但却有一份特别的静谧。

黄鹤楼下建有一个小小的公园，亭台水榭，绿树成荫。沿着曲折的回廊绕水而行，有精致的石雕狮子立在栏杆的柱头上，手触冰冷。温暖的阳光让冬日的寒意渐行渐远，水中有小鱼游弋，阳光把柳树的影子投射在水面上，影影绰绰。透过树影，黄鹤楼就在不远处，金黄色的瓦顶，给萧索的天气蒙上了一层淡淡的暖意。

通往黄鹤楼的道路两边，有一些仿古建筑，朱色的廊柱，金色的瓦檐，四周绿树成荫，郁郁苍苍。沿着石砌的台阶继续往上走，抬头间，高大巍峨的黄鹤楼已在眼前。这座经常被古人吟咏的楼阁，如今真实地呈现在眼前。它高大的楼体映衬着天空，更增显了几分气势。仰望黄鹤楼，似乎还能感受到当年战火纷飞的情景。那高高翘起的檐角、金色的瓦顶和朱红色的廊柱，无一不透出些许历史的沧桑感。悬挂在顶层的巨大黑色牌匾上，有四个金色的大字：楚天极目。黄鹤楼屡次被毁，又屡次重建，如今在我们眼前的黄鹤楼，早已不再是昔日的黄鹤楼，新建的痕迹犹在，但多少仍能窥见旧日的风采。唯一留存至今的，是一个未被烧毁的铜尖顶，它坐落在一处石基上,铜质的器身已被风雨侵蚀得失去了原有的颜色,斑驳的表面是旧日岁月的见证。

现在的黄鹤楼是1981年依清代黄鹤楼重建的,一共五层。每一层楼的檐角均向上高高翘起,形成层层叠叠的飞檐,像展翅欲飞的仙鹤,屋脊上则装饰造型奇特的鱼尾。每一个屋角下都有木质雕刻的龙头,飞檐的一角悬挂着硕大的铜铃,风一吹过,耳畔便立刻响起悦耳的铃声。飞檐下整齐排列着斗拱和撑拱,是中国古建筑中常用的装饰手法。值得一提的是,如此一座气势恢宏、古朴凝重的建筑,竟全部用钢筋混凝土浇筑而成,无论是支撑楼体的巨大梁柱,还是精雕细刻的飞檐斗拱,皆达到了很高的制作精度和较好的艺术效果,其精美的造型和鲜明的民族特色令人惊叹。[①]四周还建有胜像宝塔、碑廊和山门等建筑群。在南大门的城楼墙上,赫然刻着"天下江山第一楼"的字样,据传此为北宋著名书画家米芾所题,但真伪已无从考证。

跨过高高的门槛,在一楼的大厅中,有一幅周令钊创作的巨大陶瓷壁画《白云黄鹤》,内容取材于"驾鹤登仙"的神话,兼取唐诗"昔人已乘黄鹤去"之意。画面分为天上、人间两部分:人间部分,人们聚集于黄鹤楼下,载歌载舞,歌舞欢庆,四周树木葱郁,白云缭绕,江水滔滔;天上部分刻画了一只正在翱翔展翅的仙鹤,背负仙人,昂首向天,呈飞舞之势,具有极强的艺术感染力和装饰意味。两边的立柱上,则悬挂着符秉忠所拟、著名书画家吴作人所书的楹联:

爽气西来,云雾扫开天地撼;
大江东去,波涛洗净古今愁。

[①] 苗延荣著,《中国民族艺术设计概论》,人民美术出版社,2014年,第66页。

黄鹤楼一层的陶瓷壁画

二楼表现的是历史主题。墙上有唐代阎伯理撰写的《黄鹤楼记》，全文以优美的言辞记述了黄鹤楼的地理位置和名称的由来，同时描绘了黄鹤楼雄伟的气势和外观，最后发出了"亦荆吴形胜之最也"的感叹。在石刻《黄鹤楼记》的两侧，另有两幅由孙景波创作的壁画，分别是《孙权筑城》和《周瑜设宴》。《孙权筑城》描绘了石工背石登山的场景，讲述的是三国时期孙权率军在黄鹄矶上修筑城楼的历史场景；而《周瑜设宴》描绘的是周瑜为讨还荆州，在黄鹤楼设宴，企图谋害刘备，后刘备在诸葛亮的帮助下巧妙逃脱的历史故事。通过一幅幅壁画来记录历史，著录升沉，辨晓是非，让观者了解黄鹤楼的过往和传说，独具特色。

三楼是人文主题。壁画多为唐宋时期名人如李白、崔颢、白居易、陆游等人的肖像画和名人字画。画面中的人物呈吟咏状，塑造得栩栩如生。第四层大厅用屏风分隔成互相联通的数个雅室，备有文房四宝，游人至此，可即兴挥毫，留佳作纪念。另厅内置当代名人字画，供游人欣赏、选购。第五层布满大厅四壁的是 90 平方米的长卷《长江万里图》及组画《江天浩瀚》，共 10 幅，充分烘托了万里长江的壮丽景色。[①]这里是一个文化活动场所，陈列了一些当代书画家的作品，有李可染的山水画，李苦禅的作品及吴作人为黄鹤楼所作的《翔千里》。

除了崔颢写有《黄鹤楼》外，还有历代许多文人墨客、英雄豪杰，都曾为黄鹤楼留下了珍贵的文字。例如南宋抗金名将岳飞那首脍炙人口的《满江红·登黄鹤楼有感》：

遥望中原，荒烟外、许多城郭。想当年，花遮柳护，凤楼龙阁。
万岁山前珠翠绕，蓬壶殿里笙歌作。到而今、铁骑满郊畿，风尘恶。

---

① 万艳华编著，《荆楚名楼揽胜》，武汉出版社，2012 年，第 29 页。

溯水而上
汉水文化寻访之旅

站在黄鹤楼上远眺武汉长江大桥

兵安在？膏锋锷。民安在？填沟壑。叹江山如故，千村寥落。何日请缨提锐旅，一鞭直渡清河洛。却归来、再续汉阳游，骑黄鹤。

当年北宋汴梁陷落后，岳飞率军收复失地，但宋高宗却一心议和，急命岳飞班师回朝，岳飞不得已率军返回，在百感交集中，写下了这首《满江红·登黄鹤楼有感》。字里行间，无不显示出岳飞一心抗金、要求北伐收复失地的壮志宏图，以及他对故土深深的眷恋和无言的失落感。想当年，英雄临江，在黄鹤楼上远眺江水滔滔，心里却有无限的感伤。故土不在，心有戚戚，不甘心却也无奈。今日黄鹤楼已非昔日岳飞所登之黄鹤楼，唯余江水长流、奔腾不息。

其他诗人留下的名句亦不胜枚举，如唐代诗人李白在《黄鹤楼送孟浩然之广陵》中这样写道：

故人西辞黄鹤楼，烟花三月下扬州。
孤帆远影碧空尽，唯见长江天际流。

他将与友人的离别，刻画得格外诗意。陆游也有诗吟道：

手把仙人绿玉枝，吾行忽及早秋期。
苍龙阙角归何晚，黄鹤楼中醉不知。
江汉交流波渺渺，晋唐遗迹草离离。
平生最喜听长笛，裂石穿云何处吹。

字里行间，则满是一腔报国的忠心与热情。

溯水而上
42 | 汉水文化寻访之旅

黄鹤楼

而唐代诗人王维的一句"城下沧江水,江边黄鹤楼",则把人的思绪拉回到千百年前的汉江尽头。沧浪之水就在黄鹤楼下滔滔而过,诗人站在楼上遥望江水,历史的沧桑、岁月的遥远,都在这一望无际的江水中慢慢沉淀。

我站在顶层楼上,凭栏远眺,万里长江尽收眼底。波澜壮阔的江面,远远地横亘在高楼之间,只余下一截灰黄的江水,江面上有来往的游船,星星点点。长江大桥横跨江面,将南北两岸连接起来,对面的龟山电视塔,高耸入云。

有位朋友曾说过:登黄鹤楼,必登顶层,极目远望,才知武汉壮阔之美。如今身临其境,在黄鹤楼上远眺,别有一番壮美之景。无数高层建筑正源源不断地从地平线上拔起,现代化的都市以迅猛的势态发展着。古时的烽火岁月,距今已过千年。时光易逝,岁月荏苒。嗟叹之余,凉风习习,从脸颊拂过,略感微寒。檐角的风铃也随风而动,发出悦耳的声音,清脆而悠远。

沿路返回,再次回望黄鹤楼,暮色中的剪影巨大而坚固,似一座巍然的宝塔,心里不禁又默默地念起那句:黄鹤一去不复返,白云千载空悠悠。耳边隐约还能听到广场上传来的钟声,那是曾经记录了黄鹤楼一段历史的声音。停住脚步,凝神倾听,恍惚间又回到了过去。

倘若失了故土,江水依旧是江水,楼却不再是昔日的楼了。

本文照片由刘跃辉提供

书院的钟声

书院，为古代私人或官府所设立的读书、讲学之所。一提到书院，总让人想起著名的白鹿书院、岳麓书院等。这些昔日曾培养过无数文人雅士的书院，蜚声海内外。

在武汉这座以繁华和喧嚣著称的城市，"书院"这个名词似乎被冷落了许多。那些曾代表和彰显中国传统文化的院落，经过千百年的岁月洗礼，如今呈现在人们眼前的，却是不一样的面貌，甚至渐渐在人们的视线中消失，只剩下一个空无的名词。

据史料记载，湖北曾有书院200多间，后来逐渐没落，所余不过数所。其中较著名的有江汉书院。它是由明代提学葛寅亮主持创办于文昌门内，清顺治年间定为直隶书院，迁至忠孝门内巡道岭。之所以称为"江汉书院"，是因为江、汉二水为楚地之望。清康熙至乾隆年间，曾数次扩建，考得儒生多名，并以碑为记。咸丰年间被毁，后又重建，历经波折。1902年，与湖北经心书院合并，改为"勤成学堂"，现为武汉中学。如今站在校门外，望着这座充满了时代气息的现代化学校，已经很难想象当年这里的盛景。

旧时书院的记忆，如今留存的是几张黑白照片，它们均拍摄于20世纪初。从照片上可以看到：不大的院落和房屋，皆是黑色的瓦顶和白墙，在经心书院低矮的残垣上，长了些衰草，甚至有些残破。

问及书院的故事，除了老武汉人尚有一丝印象，年轻人对此几乎一无

两湖书院旧址

所知。一位老者告诉我,在现今的武昌实验小学里,还保留着当年两湖书院的遗址,于是决定前去探寻一番。

两湖书院在历史上也是颇有名气,它由张之洞在1890年建立于武昌营坊口都司湖畔,书院前后有两湖,"风廊月榭,荷红藻绿,雅擅一城之胜",可谓宽敞雅静之境。肄业生徒则以调取湖南湖北两省高才生为主,附招商籍学生。教学分经学、史学、理学、算学、经济学五门,分由五人执教。住院生定额,两省各100名,分由各省学政调取"或才识出群,或多闻博览,或志行不苟,或好学深思"者入学。另外,因筹措资金,得商界大量认捐,故录取商籍生徒40名,由书院甄别考核。1896年仿学堂进行改革,课程设置又改为经学、史学、地理、数学、博物、化学及兵操等科。任教者亦有当时名流,如地理学家杨守敬、数学家兼翻译家华蘅芳、音韵学家沈曾植等均应聘执教。1903年,两湖书院改为文高等学堂,亦称两湖大学堂。不久又称为两湖总师范学堂,分设仁、义、礼、智、信五斋,现在原址内分别扩建成湖北艺术学院、武昌实验小学、武汉45中学、湖北医学院附

两湖书院旧址，现存于武昌实验小学内

属医院住院部等单位。[①] 其间，出过不少人才，如唐才长、黄兴等。随后，又在原址上建立了武汉中央军事政治学校，许多老一辈革命家，如恽代英、徐向前、陈毅等，也曾在此工作过。

实验小学是武昌的一所重点小学，干净整洁的校园里，处处洋溢着现代化的气息。在这所宁静的校园里，我试图寻找旧时遗留下来的印记。然而很难想象，在一个多世纪以前，这里曾是武汉久负盛名的书院所在。经过询问，一个小学生指着前面一幢有着高高尖顶、红色廊柱的白墙建筑，告诉我，那就是曾经的两湖学院旧址。

---

① 季啸风主编，《中国书院辞典》，浙江教育出版社，1996年，第179—180页。

这座晚清时期湖北省的最高学府,经过历代的修葺和维护,到现在留存下来的老建筑尚有五栋。在正午的阳光下,朱色的廊柱和白色的墙面形成了色彩鲜明的对比。此时,半椭圆形的木门和窗户紧闭着,门外还加了厚实的铁闸门。在绿荫的映衬下,这里显得多了几分静谧。

在实验小学的校园里,至今还留存着一棵老槐树,据说这是两湖书院当年留下的。如今,这棵老槐树已成了校树。为了铭记那段历史,学校特意在旁边设立了一块牌子,上面写道:

> 老槐树的故事——我历经百年,成为实验小学的校树,两湖书院学子曾在树下读书,中央军事政治学校官兵曾在树下列队出操。抗日战争时期,日军占领此地,曾在我身上吊打抗日志士,但无人屈服,人们称我为"气节树"。新中国成立后,我看到祖国的进步,看到孩子们健康幸福地成长,看到从实小走出的一批批栋梁之材。如今我老了,我只愿每年伸展绿枝装点实小,因为我爱这里。

看完这段话,不禁让人心生感慨。老槐树如今依旧枝繁叶茂,它见证了两湖书院数百年的风雨历程,守护着一代又一代学生茁壮成长,现在依旧挺立在原地,关注着两湖书院的历史和发展。

在武汉,除了汉江书院、两湖书院外,还有问津书院、晴川书院、凤山书院、钟台书院等。然而,大多如今已不存,或只存留了少量旧建筑。

问津书院曾与岳麓书院、东林书院、白鹿洞书院等齐名。与两湖书院不同的是,问津书院远离城市的喧嚣,坐落在新洲区东部的旧街镇上,因"子路问津"的典故而得名。问津书院始建于西汉年间,距今已有2000多年的历史。南宋末年,江西名儒龙仁夫拒元不仕,效仿长沮、桀溺归隐孔子

两湖书院旧址

山中，在此筑室讲学，时人称"孔子山庙掌"，又称"龙仁夫书院"，书院讲学之风至此大开。元末明初，朱元璋在新洲打败陈友谅，孔庙、书院一度毁于战火。后地方官吏儒士又多次复修。明代初年，朝廷重视发展官学，提倡科举取士，致使书院不振。成化年间因官学空疏，科举腐化，书院教育又逐步被人们所重视。明代王阳明曾莅临此处，答疑解惑。问津书院在地方官员、乡绅及名儒的努力下进行过两次大规模复建，湖广巡抚熊尚文亲题匾额命名新书院为"问津书院"。入清后，问津书院从顺治初逐步为地方州府官绅所控制，书院管理者多为官府委派，成了官方科考取士之所。因此，书院在一定程度上也得到了官方的修复和保护。在当时湖广提学使蒋永修的主持下成为全国为数不多的书院之一，并得到康熙皇帝御笔"万世师表"和嘉庆皇帝御笔"圣集大成"金匾。清中叶，问津书院经历几代人修复扩建，规模日渐宏大。[①]最大规模时仅主体建筑就有大成殿、讲堂、仪门，左右建两庑：东庑设仲子祠、隐士祠、洁粢斋、奉牲斋、饱德亭、理事斋；西庑设文公祠、诸儒祠、酬庸馆、斋宿馆，前有文昌阁、魁星楼、藏书楼、孔叹桥、照壁等。整座建筑群依山傍水，古木参差，幽静典雅。

据说在很多年前，这里还只是一座残破的旧址，2010年武汉常阳集团与新洲区旧街街道办事处签订协议，投资1.2亿元对问津书院进行修整，恢复了问津书院原貌，修整孔子河河道，修建孔子文化碑廊，开发孔子河水库，新建仿古一条街等，打造了新的儒家文化旅游景点。现在经过修缮和重建的问津书院，基本保持了明清时期的建筑风格，建筑布局为轴对称式，中轴线上为主体建筑，分列上、中、下三幢，自前而后，依次为仪门、讲堂、正殿；左右两旁为东西二庑；二庑之外，另建亭、斋、楼、阁数栋。

---

① 胡嘉猷、杜建国主编，《荆楚百处古代建筑》，湖北教育出版社，2010年，第126页。

仪门一幢三间，门楣上书写着"问津书院"几个大字。推开朱漆大门，直入便是讲堂。讲堂是历代书生学士讲经传道之地，讲堂内设中堂。中堂连屏八扇，左右各连屏四扇，堂下左右各有掖门，通东西两庑；正中连屏六扇，上书"圣经一章"四字。由讲堂深入，即为正殿。正殿里供奉有孔子的圣像，圣像两旁，有联云："圣人在上，贤人在旁，恍见当年执辔时，车马风尘，早已化成南国；传道得徒，行道得侣，试观此日问津处，文章礼乐，居然教衍东山。"

行走在问津书院里，不禁感叹整座建筑的宏伟与庄严。整体深灰的色调体现出了书院的肃穆，让人仿佛回到了千百年前那个雅集之地。

书院，是中国古代文人读书集会的场所，曾是中国文化史上一道优美的风景线，中国优良的传统文化就在那琅琅的读书声中得以延续。随着时代的发展，传统书院正以另一种新的形式存在着。作为传统文化的一个重要组成部分，书院文化正在被越来越多的人接受和关注，在新的时代里，焕发出勃勃的生机。

本文照片由王晓桐提供

沔阳皮影

数年前在天水的南宅子里信步闲游时,偶然看到一出原汁原味的皮影戏,至今仍不能忘怀。记得白色幕布后,那位手执皮影、聚精会神、边唱边念的老人,随着音乐声的响起,色彩鲜艳的皮影在他手中上下翻跃,幕布上的影子似乎一下子都活了过来,生动地演绎着一出出热闹的故事。须臾,曲罢,一切又都恢复原状,观众还沉浸在刚刚的故事中,未能醒来。

小时候,也常常能够看到小型的皮影戏剧团演出,前来观看的大人和孩子们,常常会将现场挤得水泄不通。然而时隔久远,已经记不清故事的内容,只留下那些晃动的影子和咿咿呀呀的唱音。

作为一门中国民间古老的传统艺术,皮影戏已有2000多年的发展历史。据史书记载,最早的皮影戏诞生于西汉时期,又称羊皮戏、影子戏、驴皮影等。缘起自汉武帝的爱妃李夫人,她故去后,汉武帝因思念夫人而日日伤心,于是大臣李少翁用棉帛剪出李夫人的影子,涂上色彩,并在手脚处装上木杆,夜里请皇帝坐在帐中观看,汉武帝观后大悦。据说这就是皮影戏的渊源。

皮影戏深受大众喜爱,具有极大的艺术魅力。它几乎遍布全国各个地区,尤其以河北、广东、山东、湖北、四川、陕西等地为主。每个地区的皮影都有自己独特的风格和种类,演绎起来也有不同的风味和格调。

皮影戏在汉水流域较为流行。戏种有洋县碗碗腔、陕南道情、八步景、安康越调、江汉平原皮影戏等。[①]演出剧目有历史演义戏、民间传说戏、武侠公案戏、爱情故事戏、神话寓言戏、时装现代戏等等,折子戏、单本戏和连本戏的剧目繁多。

从武汉沿着汉水溯游而上,沔阳皮影久负盛名。沔阳,即仙桃,北依汉水,是享誉海内外的皮影艺术之乡。第一次看沔阳皮影,很是惊讶,这里的皮影在体型上较之其他地区的皮影要大许多。据介绍,江汉平原的皮影按大、中、小的造型,分为"门神谱""汉口皮影"和"魏谱"三类,沔阳皮影属于造型较大的"门神谱"。

近距离观看皮影是一件极为有趣的事,高大的皮影被一件件挂在木架上,虽然每件皮影都采取了侧面剪影的形式,但造型和样式各有不同。男女老少姿态各异,各有千秋。说到皮影的造型,就不得不提沔阳的雕花剪纸了。沔阳皮影依照剪纸的花纹和式样而来,有精致的镂空和剪切,在制作的过程中,手工艺人们往往会特别注重线条的美感以及构图的均衡性。细节的精细雕刻是沔阳皮影的一大特色。沔阳皮影是用牛皮制成的,需要经过多次手工打磨、细致雕刻后,再施以红、黄、青、绿、黑等透明色彩。经过层层工序做出的皮影,在舞台上才有生动的演出效果。为了能使皮影动起来,每件皮影的关节处都用铆钉连接,再用一个操纵杆进行操控。透过巨大的白色幕布,我们就能欣赏到活灵活现的皮影戏了。

依照传统戏曲的人物分类,皮影戏的人物造型也被分成了生、旦、净、末、丑五个类别。戏剧中人物的身份不同,扮相衣着也有所不同。如男子多戴冠,着宽袍长裤。女子则戴帽或挽高髻,身着裙衫、长裤。人物脸部风格简单朴实,高额头、直鼻梁、细眉凤眼,看上去清秀自然。但因角色

[①] 刘清河主编,《汉水文化史》,陕西人民出版社,2013年,第469页。

沔阳皮影

不同,也会有所差别:粉脸、正旦等一般都眉清目秀;而花脸和丑角等则相对夸张;反面人物的脸上,吊有一根类似于水波纹的绊根草,寓意奸猾和心术不正;丑角的眼睛下面则吊着一个葫芦形的红砣,艺人们称之为"门闩眼"。《铡美案》中的包公,额头上就雕刻有日月图,象征其公正廉明;《西游记》和《封神演义》中的各路神仙或者妖怪,也都依据人物的身份,在造型上进行了不同程度的修饰。例如龙王的头部,就是一个生动的龙头形象;猪八戒和孙悟空是按照电视剧《西游记》中的原型,做了一些改动,更加富有装饰意味和生活情趣。

据《沔阳县志》记载:"清道光年间,沔阳绣花堤(今属洪湖县)皮影艺人皮思金、皮思银兄弟引进皮影戏,以沔阳渔鼓行腔、方言道白演唱,

各式各样造型的沔阳皮影

形成具有地方特色的沔阳皮影戏。"[1]早期表演者多为职业艺人,表演的场所大多为各个茶楼和酒馆,后逐渐传播开来。虽然现在的沔阳县已改为仙桃市,但老人们提起皮影时,仍习惯称之为"沔阳皮影"。

为了弘扬皮影艺术,仙桃市政府专门修建了用于皮影戏表演的剧场。场地虽不大,却能容纳三百余人。据说,平时排练的时候,就有许多市民前来观看。我走进剧场的大门,找一个僻静的角落坐下,等待着。随着音乐声响起,红色的大幕缓缓拉开,灯光渐亮,白色的大幕上忽然跃出了几个身着古代官服的影子。影子在幕布上前后走动,伴随着音乐,有高亢洪亮的声音响起,全是沔阳方言唱的,因此我听得并不太懂,在旁人的解说下,我才大概了解到这出剧目是《薛仁贵征东》。霎时耳边只听得锣鼓喧天,声音嘹亮,眼前只见各种角色的皮影,在台上走动跳跃。

---

[1] 仙桃市地方志编纂委员会,《沔阳县志》,华中师范大学出版社,1989年,第524页。

凭借舞台后面的灯光，还能隐约看到皮影斑斓的色彩和精致的图案。

文戏自有文戏的雅，即使听不懂，也看得出其中的几分意思。武戏则更有看头，骑马打仗，挥鞭交战，台上的皮影上下翻飞，手中的刀剑铿锵作响，移动翻滚，速度之快，令人目不暇接。战至酣处，已全然不觉那只是戏，观众已全身心地融入其中，幕后的锣鼓家什一起作响，唱者的音量也逐渐加大，几乎是扯着嗓子在呐喊，那酣畅淋漓的感觉让我想起了陕西的秦腔，也似这般风驰电掣，气势非凡。夹杂在其中的，还有很响亮的跺脚声，其阵势之大，让人怀疑会不会踏破台上的木板。后来听说，这正是沔阳皮影戏的一大特色，跺脚声越大越受欢迎，据说曾经有台子被踩破的事情发生。

台下观看演出的人们

正在后台操纵皮影表演的艺人

周围来看皮影戏的大多都是退休赋闲在家的老人,我一边看一边和他们闲聊,他们说过去的皮影戏与现在的略有不同。过去的皮影戏都是在乡间或城镇露天演出,没有固定的演出场所。戏班子常年在各个县区之间流动,在周末或节假日,选一块平坦的空地,搭一个简易的舞台,用红色的布幔围起来,就可以进行表演了。一到搭台子的时候,大人孩了都早早拿着自家的板凳来占地方,人多了就只能站着,但屏幕和皮影都很大,站得远也能看得很清楚。那热闹的场景他们到现在都记忆犹新。如今,有了这个现代化的剧场,就再不用担心天气不好看不成皮影戏了,只要有演出,甚至在排练时,他们几乎都过来看,有的剧目和台词甚至都能倒背如流。正说着,台上的演出告一段落,红色的大幕缓缓合上。

演出完毕后,我转到后台想一窥究竟。工作人员正忙着收拾道具,后台并不大,白色的幕布后,搭起了一个不高的木台面,上面零散地放置着许多皮影。头顶悬着一个灯箱,我们看到的明亮的舞台幕布,正是这个灯箱所发出的光。锣鼓、简板和渔鼓等,都放置在后台的一角。从顶棚上悬下了几个话筒，垂在幕布前。

沔阳皮影因流行地域不同，分为三大类：上路子、中路子、下路子。上路子腔借鉴民间小调如薅草歌、打硪歌和鸡鸣腔等，中路子腔融入了汉剧、楚剧等唱腔，下路子腔曲调婉转悠扬，是沔阳渔鼓腔的正源。[1]皮影戏中有许多唱词并不是剧本上写好的，而是演员根据自身的感受即兴发挥的，这对演员的反应能力及语言表达能力有很高的要求。

除了传统剧目外，沔阳皮影在内容上还加入了许多现代元素，使之更加贴近老百姓的生活。同时，在唱词上还采用了很多当地的口语、歇后语，幽默风趣，观众们听了感到特别亲切。如为了宣传禁赌，他们特别编了一出皮影戏，名为《禁赌》，其中有两段是这样唱的：

　　我叫调皮先生，年纪已不轻，大事小事不关心，成了赌博精。
　　赌博总有我，牌上像有火，好像见了油亲果，恨不得煮水喝。

贴近人们生活的语言，难怪老百姓们喜欢。能够在作品中融入自己的思想感情，并将之作为毕生的事业，实在难能可贵。我在这些从事皮影戏创作与演出的艺人们身上，看到了他们对于皮影深深的热爱和眷恋。

希望这支盛开在江汉平原上的艺术之花，常开不败。

本文照片由廖玉华提供

---

[1] 马美惠编著，《至精至好且不奢——手工艺卷》，北京工业大学出版社，2013年，第225页。

江陵古城墙

李白一句"朝辞白帝彩云间,千里江陵一日还",引得人们对江陵生出无限的遐想。郦道元在《江水注·三峡》中这样描绘:"自三峡七百里中,两岸连山,略无阙处。重岩叠嶂,隐天蔽日,自非停午时分,不见曦月。至于夏水襄陵,沿溯阻绝。或王命急宣,有时朝发白帝,暮到江陵,其间千二百里,虽乘奔御风,不以疾也。春冬之时,则素湍绿潭,回清倒影。绝巘多生怪柏,悬泉瀑布,飞漱其间,清荣峻茂,良多趣味。每至晴初霜旦,林寒涧肃,常有高猿长啸,属引凄异。空谷传响,哀转久绝。故渔者歌曰:'巴东三峡巫峡长,猿鸣三声泪沾裳!'"①从此段文字可以得见,古时候的三峡风光应是格外的秀美壮丽,而诗中提到的"江陵",也常常让人回想起千年前的那个风雨古城。

宋代盛弘之在《荆州记》中有记载:"江陵又称荆州,地处长江中游、荆江两岸。因'地临江',近洲无高山,所有皆陵阜,故称之江陵。"②江陵城历史悠久,建城时间长达2600多年,是楚文化的发祥地和三国文化的中心。从春秋战国到五代十国,先后有34位帝王在此建都。至赤壁之战后,江陵城便长期作为荆州的治所,故常以"江陵"专称荆州。1996年,

---

① 冯其庸著,《中国文学史稿》(上),青岛出版社,2014年,第352页。
② 中国人民政治协商会议湖北省委员会文史资料委员会编,《湖北文史资料·湖北人文景观选粹》,1997年,第208页。

江陵城正式更名为荆州市。

如今，古江陵已成过往。在楚地昔日的都城，现今的荆州，还保留着一些关于过往的历史遗迹，古城墙即为其一。与襄阳城一样，荆州市也基本保持了原来的旧貌，行走在这座拥有千年历史的古城中，总有种时光倒流的感觉。那灰色的建筑、高高翘起的城楼檐角以及城墙外角落里那些衰败的枯草，都不由得让人忆起旧时古城的那些纷繁往事。

荆州在历史上也是颇有名气的，荆州的地域辖区曾随着历史变迁而不断发生改变。江陵在春秋战国时期，就是楚国都城郢的所在地。公元前689年，楚文王建都于郢（现荆州市荆州区纪南城），历经20位楚王，定都长达411年，创造了内容丰富、历史悠久的楚文化。自秦汉以来，江陵就是兵家的必争之地，历史上多少烽火硝烟，都曾发生在这座小城中。东汉荆州原辖七郡：南阳郡、南郡、江夏郡、零陵郡、桂阳郡、武陵郡、长沙郡。东汉末年，从南阳郡、南郡分出一部分县，设置襄阳、章陵二郡，于是荆州共辖九郡，这就是后世称"荆襄九郡"的来历。赤壁之战后，曹操、刘备与孙权曾将荆州一分为三，各占据一方。曹操占据南阳、襄阳、南郡三郡，刘备占据长江以南的零陵、桂阳、武陵、长沙四郡，孙权则占据了江夏郡。后刘备占据了荆州的大部分地方。

过去的江陵，现在的荆州市，我在这里感受到的是一种极为宁静的生活状态。没有都市的喧嚣与繁华，四处多是一片灰蒙蒙的颜色，就像一段沉寂已久的故事。然而我更喜欢"江陵"这个名字，充满了古意和韵味。于是，放下心情，慢慢寻找，在这座静谧的小城里。

与其他历史悠久的古城一样，城墙仿佛是凝聚着城市灵魂的主体。沿着护城河一路前行，坚固的城墙就在身边，触手可及。荆州城始建于三国，为蜀将关羽所筑土城。五代后梁乾化二年（912年）南平王高季兴改筑砖城，

已略显破败的古城墙边

北宋靖康年间遭战火焚毁，南宋淳熙十三年（1186年）荆州安抚使赵雄重修。元代中叶被毁，明洪武六年（1373年）复修，明末毁，清顺治三年（1646年）依旧基复建，保存明代风格。清乾隆五十三年（1788年），万城堤溃口，城墙部分被毁，当年补筑加固。[①]江陵古城墙原有六座城门，即东门、小东门、北门、小北门、西门、南门。六座城门之上曾建城楼，大部废圮，唯有道光十八年（1838年）重修的朝宗楼尚存，重檐歇山式顶，巍峨壮观。古城分为三层，外面是水城，中间是砖城，里面是土城。如今城市的街道已发生了改变，城墙四周的街道虽不宽阔，但也经过了后期的改建，过去的石板路已经被水泥路代替。街道两侧的房屋也都是近年来新建的，商店安装了较新的卷闸门，水泥墙面涂抹得平平整整的，屋顶的瓦也是簇新的，有居民的衣服就晾晒在瓦檐下，破旧的自行车斜靠在屋门口。电线杆笔直地立在街巷旁边，黑色的电线在屋檐间纵横交错。

城楼远望依旧巍峨高大，朱色的墙面、黑色的瓦檐……走过高大的半

[①] 湖北省文物局编，《湖北文化遗产——全国重点文物保护单位》，文物出版社，2009年，第30页。

古城墙一角

圆形门楼,似乎穿越到千百年前,沉淀已久的沧桑感,慢慢在心头涌起。

大北门原名拱极门,城楼叫朝宗楼。在江陵古城墙中,算是保存相对比较完好的古建筑。城墙上有荒草杂生于缝隙之间,有的墙面已有风化的痕迹,站在城墙上,可以看见墙外的护城河和小桥,浓密的树木掩映在其间。相对于喧嚣的都市而言,这里可算得上是一个僻静的所在。

在荆州城中,最热闹的当属东门了。东门又称寅宾门,城门上"宾阳楼"三个金色大字由赵朴初题写。宾阳楼始建于明代,清咸丰十一年(1861年)重建。1987年由国家文物保护科研所设计修复完善,后正式向游客开放。整个楼台高9.5米,东西宽12.65米,南北长34米,采用大木框架结构,气势宏伟,造型别致,基本保持了明代建筑的风格。不知为什么,我心里却始终眷念着"江陵城"的名字,似乎只有"江陵"二字,才能更好地显现出楚地的风韵与自然。

据记载,东门始建于明代,清代又经重建,留存至今。沿着曲折的城墙前行,手边的青灰色砖体粗糙而坚固,冰冷而富有质感,有的墙砖已经剥落,只余了斑驳的印迹和伤痕。据史书记载,江陵城的古城墙是用条石

残破的城门刻满了岁月留下的印迹

垒砌，城砖用石灰糯米浆灌注，因而十分坚固，素有"铁打的荆州府"之称。但随着岁月的流转和风雨的侵蚀，城墙也在一天天老化，渐渐显出了苍老和衰败的迹象。

　　站在城墙上，可以看到巨大的瓮城。瓮城无疑是古人在军事上的伟大创举，使城门成为易守难攻之地，在积极防御方面起到了巨大作用。如今，瓮城内早已不见了当年的烽火硝烟，只剩下坚固厚重的城墙。倚墙而望，远处便是护城河，隐匿在葱茏的树木中。它既是市郊与城市的隔离带，也

江陵古城墙 | 63

瓮城

起到了防御与景观的作用。再远,就是现代化的城市,高层建筑正源源不断地从地平线上拔起。在城墙与护城河之间,还有一片宽十几米的空隙地,当年战火正酣时,这里应该也是用来防御外敌的吧?现在,这片土地上已种满了各种树木,变成了一道景观,供游人欣赏和游览。

　　江陵古城墙作为一项强大的军事防御工事,除了高大坚固的墙体和瓮城外,还有其他防御设施作为辅助,藏兵洞即为其一。藏兵洞是暗藏在墙体内的洞,可容纳百人,其所在的墙体向外突出呈长方形,不仔细看很难发现。藏匿于此的士兵，可以从三面箭孔向外发射弓箭，是一个具有强大杀伤力的军事堡垒。

在东门城楼的马道上，还保留着几块刻有文字的砖石，这些砖石上记载了当时承担铸砖任务的官府、官员和铸砖时间。由文字内容得知，这些砖石出自不同地域，除江陵外，还有均州、靖州、茶陵等地，分布广泛。漫步在城墙上，能看到被损毁的墙砖支离破碎地堆积在一起，老化残破的树根，也交杂深陷在墙中。即便如此，在中国现存的古城墙中，江陵古城墙也是保存较为完好的。

与其他各地的城墙一样，江陵的古城墙环绕着主城区而建，沿着城门外的环城路环绕一周，便可见到每一个城门和城楼。环城路由水泥铺成，路边树木葱茏，立有高大的仿古式路灯，道路两边的仿古式建筑，多做商铺之用。

整个江陵古城墙段，或许只有南门给人的印象最为繁华和热闹。城门处贴满了各种传单，路口也摆满了各式的摊位，机动车、非机动车嘈嘈杂杂混行其间，还有不少仿古的车马，被人牵拉着，四处招揽生意。墙外拐角处的一大片空地上，许多老人正坐在树荫下聚精会神地下象棋，俨然是一处别样的风景。南门附近也有些段城墙已经呈现出残败的景象，墙体风化严重，荒草杂生。城墙边还遗留着一些旧房屋，窗残瓦破，应是许久未曾有人居住。

时至下午，喧闹的城墙边也开始慢慢沉寂下来。在南城门外，川流不息的马路边，一个老人正在城墙根下给顾客理发。在支起的一顶破旧的大伞下，摆着几把简易的椅子和脸盆，脸盆上搭着一块几乎看不清颜色的毛巾。煤炉子上，一只大水壶呼呼作响。我经过时，特意多看了几眼，老人正专心致志地用手里那把有了年头的推子干活，他戴着厚厚的眼镜，因而看不清他的眼睛，只看见他脸上纵横交错的皱纹，沧桑厚重，一如他身后那堵青灰色的城墙。

夜幕降临，漫步在古城墙边，看护城河中投下的色彩斑斓的倒影和来来往往的游船。抬头间，古老的城墙已被明亮的灯火装扮一新，就连城楼也变得灯火通明。忽然间，脑海中幻化出许多画面，犹如电影片段，金戈铁马，烽火硝烟，那是千百年前曾在这里上演过的真实的历史场景。

蓦然回首，却往事如烟，只留下这些珍贵的历史遗迹。

江陵古城墙

本文照片由罗喜周提供

荆州随想——老街

一座古老的城市，就一定会有古老的街道，尤其是历史悠久的古城。在荆州，除了古城墙外，最吸引我的，就是那里的老街。

一直以来，我对老街都怀有一种特殊的感情。或许是因为小时候曾在家乡的老街居住过，记忆里还有四方黑黑的檐角，以及檐角内那一方蓝蓝的天空。也曾走过许多老街，似乎每一条都极其相似，又各自有着不同的风格和韵味。随着时代的进步，老街却在一点一点地从城市的版图中消失。

荆州有不少著名的老街旧巷，如胜利街、丝线街（今名崇文街）、忠诚街、杜工部巷、赤帝宫巷（今兴安巷）……都曾是荆州繁华的街巷和商业区，有些被完好地保存下来，并进行了修缮和维护，有些则随着世事的变迁，变得陈旧和衰败。

在老荆州人的记忆里，胜利街是他们最为怀念的地方之一。

这个曾被称为"九十埠"的老街，西起沙隆达广场，东至青龙台。说起它最早形成的时间，无人知晓，但居住在此的老人们却说，这条老街早在明末清初时就存在了，那时候，这里是最为繁华的商业聚集地，商户众多，商业活动频繁。胜利街位于荆州市沙市区，因沙市紧邻长江，自先秦以来，凭借航运优势，便逐渐发展成为官船码头和贡赋中转港口。明中叶，沙市为全国55大工商业城市之一，至明末号称"繁盛甲宇内"，曾有"城中百儒，仰给沙市"的说法。胜利街因其重要地理位置，也曾繁华一时，在老一辈

荆州随想——老街 | 67

荆州街景

人的记忆里，这里曾有雄伟的牌坊，精致的浮雕，厚重古朴的青石地砖以及繁忙的小面馆，充斥着买卖声的酒肆和闲话家常的茶馆。清末日本人看中沙市"水陆俱殷实"，将其开放为通商口岸，造就了沙市独有的传统码头和近代商埠文化。

然而，当我第一次走进胜利街时，还是多少感到了一些讶异和失落。古街，不再是曾经的那条古街，它如同一个年岁将暮的老人，在岁月的进程中逐渐衰老并逝去。这是一条看似并不长的小巷，宽度仅够一辆小轿车通过。旧时留下的青石板路坑坑洼洼，残破不堪，地上随时都能看见堆积的垃圾和倾倒的污水。两边的住房也都是以前留下的老屋，间杂着一些后来改建过的民居。墙面大多灰暗陈旧，污迹斑斑。水泥堆砌的门槛已经残破，露出高低不平的茬口。商户和住户们混杂在一起，沿街面都是一溜的商铺，店面都不大，小小的一间。牌匾也很古旧，有的是木头制作的，有的只用了一块塑料板，糊上一张白纸，写上"理发店"或"商店"之类的字样，歪歪斜斜地挂着。商户们大多在门口安装了结实的卷闸门，一些则保留了旧时的老式木质门板。有些还在门檐上用木杆和塑料布支起一片小小的空间，蓝白相间，高高矮矮，让不宽敞的街面更显得拥堵和狭窄。

由于街巷的狭窄，因此，砖木混杂的建筑，在这里显得格外凌乱繁杂。仔细寻找，还能看见数年前的老式门檐和门柱，但同样古旧、残破，落满了厚厚的灰尘，早已看不出昔日的色彩，只剩下黑褐色。歪歪扭扭的木梁，连同上面锈迹斑斑的钉铆，都暴露在空气中。那些黑色的瓦檐还在，只是不再整齐，有些已换成了红色的新式机瓦。抬头间，只见密密麻麻的电线在头顶穿过，纷乱地交织在一起。

居住在这里的人，大多是老人和孩子，中青年都外出打工去了，能搬离这里的居民也都陆续搬走，留下的都是从小就生活在这里的老街坊们。

他们眷恋这个已经生活了一辈子的地方，即使它已经破败，生活条件极其简陋，但仍然不愿离开。

"一到冬日或下雨，这里就显得格外冷清。"居住在这里已有八十多年的李奶奶说，"想当年，这里可是荆州最热闹的地方，还有许多有名的商铺，像恒春茂，那可是当时最大最有名的……"

老人一边使劲揉搓着枯瘦的双手，一边努力地回忆过去的盛景，说到那时的胜利街，老人的眼睛忽然明亮了许多，但随即又黯淡了下来。她身后的屋子里，光线灰暗，几乎看不清摆设，站在屋门口，就隐隐闻到一股潮湿和发霉的气味。房子太老、太旧，长年没有维修，也不见阳光，屋顶甚至开始渗水，尤其是下大雨的时候，雨水顺着墙壁流下的印迹还清晰可见。

在胜利巷，随处可见倚靠在墙边晒太阳的老人。他们孤独的身影，在坑洼不平的青石板路上，被拉得很长。

这不禁让我想到了我的家乡汉中，那里也有一条与胜利巷极为类似的老街——东关正街。几乎一样的街道、一样的情景，曾经代表了过去辉煌历史印记的老街，如今却衰败得几乎没有人能够记起。

在荆州，也并非所有的老街都如胜利街一样，有一些在城市的现代化改造进程中，逐渐改变了先前的模样，崇文街即为其一。从外观上看，这里似乎要整体好过胜利街，虽然也存留了一些旧时的民居建筑，但街道和公共设施明显要好许多。这里的民居与东关正街相似，都是上下两层的砖木结构建筑，下面一层为商铺，上面一层是住家。同样，木质的栏杆和横梁都已老化，泛出暗沉的底色。高高低低的格扇木门窗，也都失去了以前的色彩，墙面早已斑驳，蓝底白色的门牌显得格外醒目。街道的一部分已经被拆除，据说这里逐渐会被高楼占据，或许在几十年后，崇文街也会成为人们旧时生活记忆的一部分。

沿着老街信步游走，看街边的小景，看当地人的生活。这或许也是一个游历的目的和一种精神的慰藉。

在古城的西北角，大北门附近，我走进了同样是荆州曾经非常著名的一条老街——三义街。三义街位于荆州古城内的西北角，北抵古城墙，南临荆中路，西靠北湖，东接洗马池，周围分布有铁女寺、开元观、文庙、玄妙观等多处古建筑，是荆州古城人文、历史、宗教的代表景点。据说，三义街之所以得名，与三国演义中的"桃园三结义"典故有关。以前，这里还专门有一座供奉刘备、关羽与张飞的文庙，如今都已不存。在老街巷口的朱红圆形拱门上，仍能清晰地看到"三义街"的题字，高高翘起的檐角依旧保持了古朴的风格。

与其他老街不同的是，这里的街道相对比较宽，地面也较为平整。不少的青石板路明显经过了翻修，街道两边的房屋大多也都是过去遗留下的旧屋，且多为商用。经营早点和菜铺生意的商铺随处可见，耳边，是小商小贩们不绝于耳的叫卖声，狗儿们沿着街道畅快地撒着欢。老人们说，这里曾是荆州城北最重要的商品集散地，过去主要经营粮食、木家具、陶器等，还有不少的饭店和茶馆。随着城市的发展，土地功能的置换，人口的迁移，北门片区的经济地位逐渐被城市交通更为便利的区块所取代，三义街的商业功能也逐渐衰退，目前以经营日杂货和农产品的个体摊位为主。

三义街目前还保留着荆州市较为完整的传统民居院落，具有浓厚的荆楚地域风格，大多为晚清和民国时期的建筑，采用前店后宅的砖木建筑模式。沿着纵深的小巷，一直静静地走下去。脚下是一块块斑驳的石板路，伸手触摸，两边的墙面因粗糙而充满了厚重感。朱红色的木门和窗都已褪色，古老的屋顶，黑色的旧瓦，密密连成一片。

透过半开的木门，随意走进一家小院，那四四方方的天井，让我情不

荆州随想——老街 | 71

三义街

自禁地想起小时候那些无忧无虑的岁月。青砖垒就的高高的门槛，经过岁月的磨砺，已经变得坎坷不平。偶尔能遇见一两户人家还保留着旧时的照壁，依然是用青砖砌成，上面覆着薄薄一层灰尘。仔细辨认，尚能看清照壁上的图案，如仙鹤、仙鹿、蝙蝠或瓶花等纹样，多寓意平安与吉祥。

燕子在屋檐下筑的旧巢还在，瓦檐的缝隙间却已长满了杂草。老式的家具，门口随意堆放着一些生活用具和零零散散的小物件。窗棂上还留着去年贴的红色窗花，门口的对联也都已褪色。

门口，老旧的藤椅上，有满脸皱纹的阿婆坐着，脚下放着一部同样老旧的半导体收音机，咿咿呀呀的声音就从里面流出来，溢满空气，在阳光下，散发出淡淡的久远岁月的味道。生活的节奏，在这里变得格外缓慢。

行走，感受，沉淀于此的沧桑和落寞。

抬头，在巷子的尽头，是一片正在修建的高层建筑群。城市，正在逐渐发生着变化，老街在人们的视线中正慢慢地消失。

作为汉水流域曾经辉煌时的一座老城，荆州，如今已逐渐向现代化城市转变。高层建筑群和商业聚集地比比皆是，汉江沿岸也经过着现代化的修建和改造，虽然还能看出许多旧时留下的岁月痕迹，但它们终会随着时间的流逝渐渐退出人们的视线和生活，最后变成一段回忆。

老街，承载的不仅仅是一段历史，它更是一座城市深厚的文化积淀。老街上保留的建筑和街道，是历史真实的再现。而祖祖辈辈生活在其中的人们，他们保留下来的生活方式，则是历史文化中习俗和风土人情的留存。所有的一切构成了历史的整体风貌。我们了解的、不曾了解的关于城市的历史和故事，都包含在这一条条古老的街道里。当然，这里不仅仅有历史，还有我们熟悉的浓浓的家的味道。

如今，生活在钢筋水泥里的大都市人，已经很难体会到曾经那种恬静的感觉。我们习惯了拥堵的交通、繁忙的工作和巨大的生活压力，已经很难再驻足留意小路边那些聚集围坐打牌下棋的老人们，没有留意过窗户边新剪的窗花，院子里刚刚晾晒的萝卜干和咸菜，还有悬挂在屋檐下湿漉漉的衣服，烟囱里冒出的袅袅炊烟，从门里飘出的饭菜的香味，邻里之间的相互问候……每个生活在老街的人们，都能感受到这股亲切和自然的味道，这是属于这个城市自身浓郁的人文和社会风情。

我想，这就是生活真正的意义。

荆州古城墙

本文照片由罗喜周提供

关于中游

中游，是梦前行的地方

中游，是梦前行的地方。

汉水的梦，走到了一半，已经开始慢慢苏醒。

中游，是梦前行的地方。

如果说，汉水是一段故事，那么行至此时，便是故事开始逐渐平缓的时候。

经历了漫长的旅程，汉水逐渐变得丰厚起来。在时间和岁月的磨砺下，由涓涓细流，成长为波澜壮阔的江河。在成长的过程中，它拥有博大精深的文化和悠久的历史，也拥有丰富的物产和资源，这条河流，滋养了沿岸的土地，也给人们带来了丰厚的回报和收益。

沿着祖先曾走过的足迹，我溯水而上，试图寻找这一段丰厚的历史。

这里有过烽烟四起的战争，出过无数的英雄豪杰，亦有许多文人墨客留下的传唱千古的名句。同时这里因丰富的水道资源，贯通了南北的交通脉络和文化通道，缔造了完美的古老城池和古老的传奇故事。

在汉水的旅程中，中游，是其历史文化长河中极为绚烂的一个部分。

慢慢行走，慢慢感受，慢慢回味……

在梦想前行的路上。

汉水中游示意图

诗城襄阳

诗之故里,襄阳为其一。

襄阳,中国历史文化名城,楚文化、汉文化、三国文化的发源地,历代为经济军事要地,素有"华夏第一城池""兵家必争之地""铁打的襄阳"之美誉。由于其特殊的地理位置,在汉水文化中占有重要的地位。从水路上看,汉水横贯古襄阳和古樊城二镇,水运条件发达。从陆路来看,由襄阳向北,经新野、宛(今河南南阳),可至洛阳;向南,经宜城、当阳、江陵,可至汉寿,再往南可至交州、番禺(今广东广州)一带。从襄阳城本身来说,古城一面背山、三面环水,地势险要,易守难攻。①

在春秋战国时期,襄阳就已建立了城邑北津戍。西汉初年在此设县,后改名为襄阳城,武帝时属荆州刺史部南郡。建安十三年(208年),曹操控制了南郡北部,置襄阳郡,郡治在襄阳城内。唐武德四年(621年),改郡为州。北宋时,属京西南路襄州。宣和元年(1119年)属京西南路襄阳府。南宋绍兴五年(1135年),"省邓城,入襄阳",本县辖境遂扩展到汉水以北,仍属襄阳府。明洪武初年,属湖广行中书省襄阳府。洪武九年(1376年),属湖广承宣布政使司襄阳府。崇祯十五年(1642年),

---

① 《趣闻圣经》编辑部主编,《老湖北的趣闻传说》,旅游教育出版社,2014年,第28页。

襄阳北门

李自成一度改称襄阳为襄京。清朝时期属湖北布政使司襄阳府。2010年12月9日正式改为湖北省襄阳市。

走进襄阳城,总有一种特别熟悉的感觉,像极了我的故乡。这是一座有着悠久历史的古城,即使历经了数千年的岁月洗礼,依旧能够找到遗留下来的文化印迹。高高伫立的古城墙,虽然历经多次修葺和重建,但仍然有昔日留存的影子。青灰色的砖墙,厚重而富有质感。四方形的墙体和圆拱形的城门,门头上长方形的匾额上刻有繁体字样的"荆襄锁钥"。有些墙面已经有了剥落的痕迹。城墙顶部和两侧,长满了杂草和绿植,郁郁葱葱的,多少透出些昔日楚地的气息。

距离城墙外不远,就是奔流而下的汉江。与别处相比,这里的江面似乎显得格外宽阔。远处的高架桥在薄雾中若隐若现,青砖砌成的围栏,将游人与汉江阻隔开来。江水并不清澈,甚至有些浑浊。江岸边,许多仿古的建筑和设施,让人生出些许怀古的情结。

襄阳北门古城墙

在城墙之上，更有着不同一般的广阔视野。宽广的江面在眼底一览无余，隐约有船只游弋于上。远隔着江面，对岸是一片新建的城区与高层建筑。城墙始建于汉，原为土城，宋代改为砖城，并筑瓮城。元末城垣大部被毁，明洪武初年，湖广行省平章邓愈依旧址复建，四角设角楼。明正德、嘉靖、隆庆和清顺治各代均重修、扩修。[①]现如今，飞檐的角楼仍在，黑色的瓦顶和青色的墙面形成了一个稳固的整体，庄严而肃穆。粗糙的砖石，

---

① 湖北省文物局编，《湖北文化遗产——全国重点文物保护单位》，文物出版社，2009年，第42页。

在手心的触摸下呈现出丰富而厚重的质感，锈迹斑斑的古炮台和战士的雕像，让人想起曾经那些烽火岁月。襄阳历来是兵家必争之地，著名的战役有关羽水淹七军、岳飞收复襄阳、李自成进占襄阳、张自忠枣阳抗日会战，以及解放战争中的襄阳战役等。如今，站在城墙上遥想当年战争的景象，那应是怎样的艰辛？

襄阳依水而立、因水而兴，唐代襄阳"往来行舟，夹岸停泊，千帆所聚，万商云集"，至明清时期，已成为重要的航运港口，带来蓬勃发展的商业，有"水旱码头"之称。"商贾连檐，列肆殷盛，客至如林。"南方水路运来的茶叶，北方陆路运来的马匹都是在襄阳进行交易的。经济繁荣同时带动了文化的发展，古时候的襄阳可谓是名副其实的文化名城。历代有无数名人雅士为其撰文赋诗，流传至今的不胜枚举，以唐代诗词最多、最为丰富。

王维曾作《汉江临泛》：

> 楚塞三湘接，荆门九派通。
> 江流天地外，山色有无中。
> 郡邑浮前浦，波澜动远空。
> 襄阳好风日，留醉与山翁。

将汉水的波澜壮阔，远山的苍茫迷蒙刻画得生动细腻，宛如一幅意境幽远的水墨山水画。

诗仙李白，在《襄阳歌》中描写当时的襄阳城安乐祥和，夜夜笙歌，处处酒醉，就连那滔滔的汉水，在诗人的眼中，也不过像是发了酵的葡萄酒一般，体现了诗人的豪放洒脱与襄阳城的安逸平和：

落日欲没岘山西，倒着接䍦花下迷。
襄阳小儿齐拍手，拦街争唱《白铜鞮》。
傍人借问笑何事，笑杀山公醉似泥。
鸬鹚杓，鹦鹉杯，百年三万六千日，一日须倾三百杯。
遥看汉水鸭头绿，恰似葡萄初酦醅。
此江若变作春酒，垒曲便筑糟丘台。
千金骏马换小妾，笑坐雕鞍歌《落梅》。
车傍侧挂一壶酒，凤笙龙管行相催。
咸阳市中叹黄犬，何如月下倾金罍？
君不见晋朝羊公一片石，龟头剥落生莓苔。
泪亦不能为之堕，心亦不能为之哀。
清风朗月不用一钱买，玉山自倒非人推。
舒州杓，力士铛，李白与尔同死生。
襄王云雨今安在？江水东流猿夜声。①

李白的另一首《岘山怀古》，则写尽了襄阳城的山水美景：

访古登岘首，凭高眺襄中。
天清远峰出，水落寒沙空。
弄珠见游女，醉酒怀山公。
感叹发秋兴，长松鸣夜风。②

---

① 周啸天主编,《唐诗鉴赏辞典》,商务印书馆国际有限公司,2012年,第381—383页。
② 《全唐诗》（二）,岳麓书社,1998年,第566页。

从诗句中能够想象，唐代的襄阳城，天明水净，山川秀美，诗人才得以借景抒情，酒醉于其间。

而杜甫却对襄阳有着不一样的感情。襄阳是杜甫的祖籍，在他的诗中，常常能够感受到他浓烈的思乡之情。他在《回棹》中写道："清思汉水上，凉忆岘山巅……吾家碑不昧，王氏井依然。"意即他日若能北归，定要返回故里襄阳，去祭奠祖先，并看看汉末王粲曾取水的水井，以表其思乡之情。

在唐代的诗人中，对襄阳城有着深厚感情的还有白居易和孟浩然。白居易在《再到襄阳访问旧居》一诗中写道：

> 昔到襄阳日，髻髻初有髭。
> 今过襄阳日，髭鬓半成丝。
> 旧游都似梦，乍到忽如归。
> 东郭蓬蒿宅，荒凉今属谁？
> 故知多零落，闾井亦迁移。
> 独有秋江水，烟波似旧时。①

回首往事，岁月匆匆，初到襄阳时，还是青春少年；等再过襄阳时，已是须发花白的半老之人。故地旧宅都已变了模样，唯有江水滔滔，奔流不息。字里行间，透出对逝去岁月的感怀。

作为襄阳人的孟浩然，对他的家乡则有着更深厚的眷恋之情。孟浩然又被后人称为"孟襄阳"，由于他终身未仕，大半生的时光都在襄阳度过，襄阳秀丽的山川景色也成了他诗歌创作的源泉。尽管他也曾走遍祖国的大

---

① 《白居易全集》，上海古籍出版社，1999年，第130页。

江南北，但对于襄阳，孟浩然始终有着不可割舍的故乡情结。于是有了"山水观形胜，襄阳美会稽"的感叹。

他的诗，并没有用华丽的辞藻去歌颂故里，反而是极为平静和淡然，不过是简单的"岘山江岸曲，郢水郭门前"，就将襄阳城的整体面貌勾画出来。在他的眼中，最平凡朴素的美，才是至美。

他在诗中也有提及自己隐居过的鹿门山，如《登鹿门山怀古》以纪念："清晓因兴来，乘流越江岘……渐到鹿门山，山明翠微浅。"

另有《夜归鹿门歌》写道：

> 山寺鸣钟昼已昏，渔梁渡头争渡喧。
> 人随沙岸向江村，余亦乘舟归鹿门。
> 鹿门月照开烟树，忽到庞公栖隐处。
> 岩扉松径长寂寥，唯有幽人自来去。

除此之外，还有韩愈、皮日休、张九龄、欧阳修等，都曾写下诸多吟咏襄阳的诗句。如韩愈的《送李尚书赴襄阳八韵得长字》：

> 帝忧南国切，改命付忠良。壤画星摇动，旗分兽簸扬。
> 五营兵转肃，千里地还方。控带荆门远，漂浮汉水长。
> 赐书宽属郡，战马隔邻疆。纵猎雷霆迅，观棋玉石忙。
> 风流岘首客，花艳大堤倡。富贵由身致，谁教不自强。

皮日休的《习池晨起》：

> 清曙萧森载酒来，凉风相引绕亭台。
> 数声翡翠背人去，一番芙蓉含日开。
> 荚叶深深埋钓艇，鱼儿漾漾逐流杯。
> 竹屏风下登山屐，十宿高阳忘却回。

还有张九龄的《登襄阳岘山》：

> 昔年亟攀践，征马复来过。信若山川旧，谁知岁月何。
> 蜀相吟安在，羊公碣已磨。令图犹寂寞，嘉会亦蹉跎。
> 宛宛樊城岸，悠悠汉水波。逶迤春日远，感寄客情多。
> 地本原林秀，朝来烟景和。同心不同赏，留叹此岩阿。

都不同程度地描绘了襄阳的秀美景色。

漫步在襄阳街头，不时会遇见一些古建筑诉说着这座城市，如著名的仲宣楼和昭明台，虽都是近代在原址上新建的，但大体上依旧保持了旧时的建筑特征。仲宣楼位于城墙的东南角，据说是为了纪念诗人王粲而建，王粲字仲宣，故称之为"仲宣楼"。汉献帝兴平元年（194年），王粲因仕途不顺，流落襄阳。建安九年（204年），王粲写下了著名的《登楼赋》。文中写道："览斯宇之所处兮，实显敞而寡仇；挟清漳之通浦兮，倚曲沮之长洲。背坟衍之广陆兮，临皋隰之沃流。"大意为：这座楼所处的位置，是少见的明亮而宽敞。携带着清澈的漳水的浦口，倚临着弯弯曲曲沮水中长长的水中陆地。背靠高平而广大的陆地，俯临水边地面上可以灌溉的河流。由此可窥见古襄阳城的大概面貌。如今，黑色的瓦顶和廊檐，红色的廊柱和青砖的墙面依旧，虽经后世不断修缮和维护，也依稀能够感受到王

临汉门

粲笔下当年古襄阳的几分样子。另据当地人讲,由于战乱的原因,许多古建筑在新中国成立后才得以修复,昭明台以前不过是座土台,后来才重建。至今,襄阳还保留着古隆中、襄阳府、米公祠、古城墙等历史遗址。站在城墙上远远望去,城墙下方是一大片黑色的屋顶,密密麻麻。一条石板路横亘中央,两边是新建的仿古建筑,不远处的尽头,是高大的城门楼,再远,就是宽广的汉水,在薄雾中看不真切。熙熙攘攘的人群从中穿过,给这带有古味的长街增添了许多现代的味道。

  襄阳给我的印象是一种在岁月里慢慢沉淀下来的静止的美。汉水给予了它丰富的养料,历代的文人墨客也在此留下了珍贵的文字和诗篇。厚重的历史底蕴赋予了它与其他城市不同的风格,同在汉水之畔,感受却是完全不同。古时的兵家重地,今日的现代之城。汉水留给襄阳太多美好的眷顾与记忆。

古隆中诸葛庐

诸葛亮作为三国时期杰出的军事家、政治家,在历史上的地位可谓举足轻重,他的代表作有《出师表》《诫子书》等。诸葛亮一生鞠躬尽瘁、死而后已,有"智圣"和"忠臣"的美名。

襄阳是三国文化的重地。襄阳对于诸葛亮来说,具有重大的意义。苏轼有诗云:"谁言襄阳野,生此万乘师。"

循着旧时留下的遗迹,我在襄阳寻访到诸葛亮的故里旧居——古隆中。据史载,诸葛亮17岁时即随其叔父诸葛玄从山东迁至襄阳,隐居于古隆中,在此地躬耕陇亩长达十年之久,正是在这十年的隐居生活里,诸葛亮静心读书并谋划了著名的《隆中对》。

古隆中位于襄阳市近郊,周围草木繁盛,空气清新。正是初秋时节,凉风习习,远处隐隐有薄雾笼于山顶,给这里更增添了几分幽秘的气氛。沿着石板路一直前行,最先看见的是镌刻有"古隆中"字样的一座石牌坊。上面还刻有杜甫的诗句:"三顾频烦天下计,两朝开济老臣心。"赞颂刘备三顾茅庐的诚意和诸葛亮忠诚侍主的品格。在牌坊的左右两边,分别刻有"宁静致远""澹泊明志"。牌坊整体设计简洁明了,青色的石面与微微泛黑的顶檐,不由得让人生出敬意。牌坊的背后还刻有"三代下一人",称颂诸葛亮是夏、商、周以后的第一人杰,也是中华民族智慧的象征。此外还有杜甫的诗句"伯仲之间见伊吕,指挥若定失萧曹",对诸葛亮的雄才大略、高风亮节及鞠躬尽瘁的精神进行了热烈赞颂，也对其壮志未遂叹惋不已。

抬眼间，山间树木葱翠，耳边听得鸟鸣声声，溪水潺潺，山环水绕中，尤显静谧深幽。罗贯中曾这样描绘古隆中："山不高而秀雅，水不深而澄清；地不广而平坦，林不大而茂盛。猿鹤相亲，松篁交翠。"三国时期的襄阳城，不仅是汉水流域的文化中心之一，也是南北文化交融的中心地。文学艺术的繁盛、汉水流域南北与东西文化的融会，形成了独特的荆州学派。荆州学派形成于东汉末年，刘表任荆州刺史期间（142—208年），黄河流域战乱连连，荆州（治所在襄阳）政局却相对安定，经济发达，中原巨族、学者与老百姓纷纷南下，避乱的士人云集于荆襄，学术中心遂由洛阳南移至此。①刘表在荆州筹办州学，组织儒生编写《五经章句后定》作为教材。荆州州学的课目很全面，除了六经外，还有天文历法、刑法、兵法等。州学的学生主要是官员的子弟和年轻的下级官员以及外地来荆州求学的青年。荆州学派代表人物有宋忠、綦毋闿、司马徽、王粲等，均执教于州学。荆州学的主旨在于具有治理乱世的实践性和以人为本的合理性，诸葛亮是正统儒家思想的继承者，因此，荆州学对诸葛亮的思想形成具有一定的影响，他以荆州学为本，重视严刑峻法，儒道双修，后来成为汉传统的继承者。

沿路右行，忽见另一座高大的石牌坊立于路中间，上书"隆中书院"。这里原是诸葛亮当年读书静修之地，经过改建后，已经变成一座颇为现代化的展馆，里面用沙盘、雕塑及一些现代化的电子设备，展示并解析了诸葛亮当年所处的时代背景以及三顾茅庐等历史典故。书院正厅名为"静砺堂"，意为诸葛亮在此地静默隐居、修身励志，正厅中堂立有《诫子书》

---

① 张通主编，《荆楚文脉》，湖北人民出版社，2013年，第125页。

中的名言:"夫学须静也,才须学也。非学无以广才,非志无以成学。淫慢则不能励精,险躁则不能治性。"堂前,有一尊诸葛亮年轻时的雕像,羽扇纶巾,长袍儒衫。

院内古树茂密,回廊曲折。回廊外有密密的竹林,风过,即有叶落的扑簌声,苏轼曾云:"无肉令人瘦,无竹令人俗;宁可食无肉,不可居无竹。"古代文人爱竹,因其铮铮风骨之气。也许当年陪伴诸葛亮诵读于此的,也是漫山遍野的竹林?

有趣的是,诸葛亮的一生与汉水流域结下了不解之缘。他早年潜心静修于襄阳,后随刘备入主汉中,作《出师表》,北伐曹魏,最终葬于定军山下。因此,在汉水流域各地,建有多处规模大小不同的武侯祠来纪念诸葛亮。襄阳武侯祠因是诸葛亮的修身励志之所,具有绝对重要的影响和意义。

古隆中的武侯祠始建于晋代,经过数次重建,山门以高耸的仿木结构砖雕牌坊构成,祠堂内的建筑多采用木步架与硬山砖墙组合,屋脊多施以雕饰,具有朴实典雅的地方风格特色。仰头间,素瓦青檐,墙面因岁月洗礼已有剥蚀的痕迹,高高翘起的檐角,在松柏的映衬下,渐生苍凉。祠堂正前方的台阶下有一块空地,两旁各有一尊石狮。西侧竖着一块碑,刻有谭其骧手书:"诸葛亮躬耕于南阳郡邓县之隆中,在襄阳城西二十里,北周省邓县,此后隆中遂属襄阳。"祠堂青灰色的砖墙由于长时间的风吹雨打已经斑驳得失去了最初的色彩,堂前的香炉里,还冒出缕缕的青烟。

走进祠堂大门,便可看见正殿。殿内黄色帐幔里供奉着诸葛亮的塑像,高冠长髯,身披黄袍,手持羽扇端坐正中,有黄袍小童持剑立于两侧,黑漆匾额上书写有"天下奇才"四个大字。院内两棵巨大的古柏,生气勃勃。西侧偏殿为三义殿,供奉着刘、关、张的塑像。

武侯祠大殿东北角有一个专为诸葛铜鼓所建的亭阁名曰"铜鼓台"。铜鼓被悬挂在一座类似鸟形的漆器架座上,它并没有因时间久远而褪色,反而透出几分明亮的光感,鼓身上刻有各种细致的纹样,层层叠叠。鼓面上还雕有四个细小的蟾蜍,周身光洁铮亮,等距离地蹲踞在鼓面的边沿上。关于此鼓的传说很多,有说是诸葛亮南征七擒孟获时用过的战鼓,也有说是诸葛亮为镇压夷狄所制。最有趣的是,此鼓翻转过来便是一口行军锅,可以用来烹煮食物。

一路前行,途中经过卧龙处、六角井、草庐亭等遗迹。其中,卧龙处据说是当年诸葛亮会友之处,两旁回廊里还镶嵌着八块石碑。六角井则是诸葛亮青少年时期耕读隆中时,草庐居宅院内的生活用井。据习凿齿在《襄阳耆旧记》中的文字记载:"襄阳有孔明故宅,有井,深五丈,广五尺,曰葛井。"现存井体为六边形,上有雕花古朴的六角石栏板,栏板上以浮雕的手法雕刻出朵朵祥云。草庐曾是诸葛亮隐居时的读书室,诸葛亮在《前出师表》中说的"先帝不以臣卑鄙,猥自枉屈,三顾臣于草庐之中,咨臣以当世之事"的"草庐"指的便是此处。事实上这里的草庐亭是后来修建的,它位于三顾堂的后坡上,整座建筑呈六角形,双层飞檐,碧柱红瓦,亭中一块大石碑上刻有"草庐"二字,字体苍劲端庄。据说明襄简王迷信风水,意将此古迹霸占为自己的陵墓。李自成起义后,把陵墓建筑捣毁,但土坟仍在。后人在墓边修了这个草庐亭,表达对前贤孔明的景仰与怀念。

三顾堂位于诸葛草庐前,顾名思义,是源自刘备"三顾茅庐"的典故。正是因为刘备的慧眼识才和诚意邀约,诸葛亮才愿随其出山,辅佐其开创蜀汉基业。前门的三棵古柏树,象征刘备、关羽、张飞三顾茅庐时的拴马树。诸葛亮准确地分析了当时的形势,提出了首先夺取荆、益作为根据地,对内改革,对外联合孙权,南抚夷越,西和诸戎,等待时机,两路出兵北伐,

六角井

三顾堂

从而统一全国的战略思想,即著名的《隆中对》。明朝吴绶在称赞这段佳话时说:

> 贤人隐岩穴,帝子再三寻。野处终身志,雄谈济世心。
> 路回山隐隐,树锁昼阴阴。千载称鱼水,高风冠古今。

在这首诗中,明确提到了刘备"三顾茅庐"的史实。为求得诸葛亮的帮助,刘备三次亲自躬请诸葛亮,表明了一位君主礼贤下士的态度。

杜甫在《诸葛庙》中云:

> 久游巴子国,屡入武侯祠。
> 竹日斜虚寝,溪风满薄帷。
> 君臣当共济,贤圣亦同时。
> 翊戴归先主,并吞更出帅。
> 虫蛇穿画壁,巫觋醉蛛丝。
> 欻忆吟梁父,躬耕也未迟。

由此,也可看出诗人对诸葛亮当年隐居隆中、勤耕苦读精神的赞扬,对刘备身为明主,礼贤下士的高贵品德的称道。

总之,古隆中留下了不少记录诸葛亮当年生活于此的印迹,例如著名的隆中十景:草庐亭、躬耕田、三顾堂、小虹桥、六角井、武侯祠、半月溪、老龙洞、梁父岩、抱膝石。其中,三顾堂与小虹桥是刘备三顾茅庐的历史见证;草庐亭、六角井、抱膝石,相传是当年诸葛亮生活与学习过的场所。住所虽简朴,但一如《陋室铭》中所写:"斯是陋室,惟吾德馨。"

三顾堂前的石碑刻

我突然想起了故乡的武侯祠。诸葛亮辅佐刘备在汉中称王,后死于汉中,安葬于勉县,后人为了纪念诸葛亮,特修建了武侯祠。家乡的武侯祠与古隆中的武侯祠有些相似。诸葛亮的坟冢如今只留下了一个被青砖围起的高高土堆,碑石也已斑驳不清,唯有院中那棵高大挺拔的汉莲树,每年还在发着新芽,吐露着芬芳。

沿着滔滔的汉水一路前行,许多城市都有关于诸葛亮事迹的记载。在漫长的历史变迁中,诸葛亮作为忠诚的楷模、勤政的榜样、廉洁的典范以及智慧的化身被世人传颂。他辅佐刘备,忠心耿耿,为其建立蜀汉基业立下了赫赫功劳。他有勇有谋,才思过人,《三国演义》中的"草船借箭""空城计""借东风"等故事,仍被后人津津乐道。他勤政为民,重视国计民生,大力发展水利与农业。在汉中因地制宜地开创了冬水田,大大地提高了农作物的产量。南征时期,他重视加强与西南地区少数民族之间的联系,为其带去汉族先进的农业生产技术,至今为人们所赞颂。诸葛亮文化已经从古延续至今,无论在哪里,以何种形式,我相信,这种文化已经转变为一种精神,还会生生不息地传递下去。

　　古隆中处处古木参天,水色清幽。在篁竹环绕间,看白墙黑瓦,曲折廊亭,别有一番诗意。或漫步在古柏苍翠之中,静心读阅一段诗文碑刻,仔细品味那段流传至今的佳话。避开了喧嚣的尘世,在一草一木中,静默时光的流转和世事的变迁,或许是另一种心情吧。

三顾堂

沧浪绿水

在国内，关于"沧浪"一词，似乎颇多微议。史书中关于"沧浪"一词有两种说法：一谓汉之别流；一谓地名。国内的许多地方都有"沧浪"遗址，如苏州、湖南、郧县、荆州等。由于屈原被逐的典故，如今，"沧浪"已然形成了一种风尚和文化。于是，寻觅沧浪文化的源头，便成了此行的一个重要内容。

追溯"沧浪"的历史源头和发展历程，《尚书·禹贡》中曾有记载："嶓冢导漾，东流为汉，又东为沧浪之水。"刘澄之著《永初山川记》云："夏水，古文以为沧浪，渔父所歌也。"宋代姜夔在《清波引》中，亦作词序："余久客古沔，沧浪之烟雨，鹦鹉之草树……无一日不在心目间。"

汉水与沧浪有着紧密的联系，而真正的沧浪之地究竟在哪里，学术界众说纷纭。现存于陕西西安碑林博物馆中的著名的石碑图《禹迹图》（1136年），就以地图的形式记录到"大禹治水时禹贡山川名、古今周郡名、古今山水地名"。其中著录了鄂、沧浪、武当山、均（州）等地名。在宋代毛晃所著的《禹贡指南》一书中，有一幅禹贡山川总会之图，标注了沧浪位于汉江的均州处。

在《水经注》中，郦道元根据《尚书》明确指出："武当县西北四十里汉水中，有洲名沧浪洲"。南北朝时期的武当县治所，向北四十里左右，正是后来的均州城。明代《大岳志略》中也有记载："禹迹亭在禹迹池上，

远眺丹江口市

禹迹池在禹迹桥南,禹迹桥在紫霄宫前。出(均州)大东门望江东岸,有巨石立于山麓,昂耸如马首,平如几,高数尺,其上有亭曰沧浪之亭。"

春秋战国时期,流传于汉北一带的民歌中,就有"沧浪之水清兮,可以濯我缨;沧浪之水浊兮,可以濯我足"。

在汉江的中下游,曾经有两座以地处水陆交通要道而闻名的古城,一为上津,一为均州。如今的上津古城在原址上加以修复和重建,基本恢复了旧时的模样,成为旅游胜地;而千年均州古城则因修建丹江口大坝深藏于水下,被浩渺的烟波所淹没,现今的丹江口市是以原均县为基础设置新

沧浪绿水 | 97

丹江口市沿江景观

建的。古均州城有著名的八景：莲池落雁、沧浪绿水、槐荫古渡、龙山烟雨、方山晴雪、黄峰晚翠、东城望月和天柱晓晴。《均州志》中这样描述"沧浪绿水"："清绝沧浪水，传名自禹经。澄潭浮鸭绿，映壁妒鸦青。云树萦高岸，蒹葭靡晚汀。濯缨千古事，渔唱若为听。"

由于均州老城被水深埋，城中三万多居民陆续迁出，如今，在均州老城的遗址附近，建立了一个新的小镇——均县镇，原丹江口市肖川镇中一些居民被安置于此。均县镇临水，远处一片浩波渺渺的水面上，有渔船游弋其间，来来往往，天空中飞翔着无数水鸟，鸣叫着掠过天际。

丹江口水库

均州古城，就沉睡在这片水面下，包括曾经修葺在崖壁上的沧浪亭及摩崖石刻，都已不复存在。

这不禁让我想到了汉中的褒斜栈道，那些雕刻于崖壁上的精美文字和诗句，当然，也包括淹没于褒河水下不曾谋面的古城。

隔江南望，是八景之一的龙山宝塔。龙山因地势较高而没有被水淹没，龙山宝塔便成了唯一幸存的具有古均州历史遗韵的古建筑。远望龙山宝塔，它形似一支毛笔，矗立在山巅。宝塔是砖木结构的，并不高，虽然已经历经沧桑，但依旧坚固。朱红色的大门被重新油漆过，轻轻推开，一股浓重的尘土味扑面而来。沿着塔内的木梯盘旋而上，就能到达塔顶。站在塔顶，既可以俯瞰整个湖面，又可以远眺武当天柱峰，凉风习习，令人心旷神怡。"龙山烟雨"应是站在此处才能感受到的吧？山雨欲来风满楼，均州有雨观龙山。据说每到雨天之前，龙山上便会升起袅袅的烟雾，使得整座宝塔都笼罩在霭霭的薄雾中。

对于古均州这座临江小城我充满好奇，它究竟是像襄阳城或江陵城一样，具有浓厚的历史底蕴和神秘大气的楚地气息呢，还是更加温婉秀美呢？

古均州地处汉江中游，旧时商船往来，上可达陕西，下可通湖北。均州正好处在汉水交通的咽喉位置，许多商船到此都要停留转道。可以想象，古均州城也是格外繁华。

被水淹没前的均州城是一个四通八达、街巷纵深的古城，有鳞次栉比的商铺和客栈以及著名的净乐宫。据说净乐宫建于明永乐年间，有四重宫殿，大小廊庑、亭阁、道房等520间，面积达12万平方米，是著名的道教建筑之一。1958年净乐宫因修建丹江口水库而被淹没。2002年，丹江口市全面实施净乐宫复原工作，经过两年多的施工，一期工程广场、山门、御碑亭、三大殿及配殿等已初现雏形，再现了当年净乐宫的宏伟气势，成

丹江口水库岸边

丹江口水库泄洪景观

为丹江口南水北调工程地上文物搬迁复原的范例。

古均州的城墙全部采用15公斤一块的青砖垫砌而成，西、南、北三面各凿有护城河，六座城门均设有木制防洪水闸门，以及60吨重的石头门槛，10—20米高城墙环城约有4000米，兵匪概不能犯。听老人们说，很久以前有一年汉江发大水，水位最高的时候，几近与城墙等高，然而坚如磐石的城墙将洪水挡在城外，均州城最终安然无恙。

如今，这些故事和传说都逐渐随着古城深藏于水底，取而代之的是另一座巨大的坚固堡垒——丹江口水库大坝。丹江口水库是中国南水北调中线工程的水源地，用于汉水的综合开发和流域治理。工程1958年开工，1973年竣工，水库原总库容209.7亿 m^3，防洪库容78亿 m^3。2005年9月实施大坝加高工程，2010年3月到顶，加高后总库容339.1亿 m^3，向北京、天津、河北、河南四省（直辖市）供水，年调水130亿 m^3。水库具有防洪、供水、发电和航运等综合效益。①

同时，丹江口水库的修建，也为这里创造了丰富的自然旅游环境。由于丹江口水库位于汉江的中游，水域分布湖北、河南两省，兼具了豫鄂的地域特点，四周群山环绕，气候适宜，水面航线众多，四通八达，交通便利。两岸为岩溶山地，内有大量喀斯特溶洞，千姿百态的石柱、石笋及钟乳石遍布其中。丹江口水库水质优良，水中生物多样化，尤其是丹江鱼颇具盛名，肉质鲜美，味道独特。同时，政府还在水库下游的谷城县修建了湿地公园，有效地保护了水库的生态资源，并将其作为一个新的旅游点。

丹江口水库的修建，是汉江历史上一次大规模的水利工程，虽然将均

---

① 水利部建设与管理司、水利部大坝安全管理中心编，《中国高坝大库TOP100》，中国水利水电出版社，2012年，第4页。

溯水而上
汉水文化寻访之旅

湿地公园

州古城埋在了水下，却让无数人喝上了纯净的汉江水。南水北调工程书写了中国历史上辉煌的一页，它将半个多世纪以来，北方人们对于南水的渴望变成了现实。一段历史的逝去，并不代表这段历史的消亡，反而会在人们的心中变得愈发清晰。丹江口水库亦是如此，汉江水在这里继续奔流下去，并显露出了新的生机，也为造福后世立下了不可磨灭的功劳。

本文照片由罗喜周提供

关于上游

上游,是梦开始的地方

上游，是梦开始的地方。

汉水究竟起源于何处？

如此波澜壮阔的江流，千百年来，孕育了丰富的历史和文化，它所流经的地方，有无数的传奇和故事，也留下了众多文人墨客的诗篇。

——汉水的上游，是我的故乡，生我养我的地方。

我生长于汉水之滨，喝着汉江水长大。小时候觉得汉水不过是一条再普通不过的河流，生活于此的人们，在这片水域世代传承，繁衍生息。随着年龄的增长，才逐渐认识到它所承载的历史意义是如此的广博和厚重，充满了无限的想象和张力。

汉水之旅似一段梦境，而它的开始，无声无息。

汉水的源头，在遥远的山间。从一束清泉开始，缓缓流动，带着大山独有的野气和灵性，伴随着呼啸的山风，开启一段如梦旅程。

上游，是梦开始的地方。

缓慢、清浅。似风的游动，在呓语中潺潺而来……

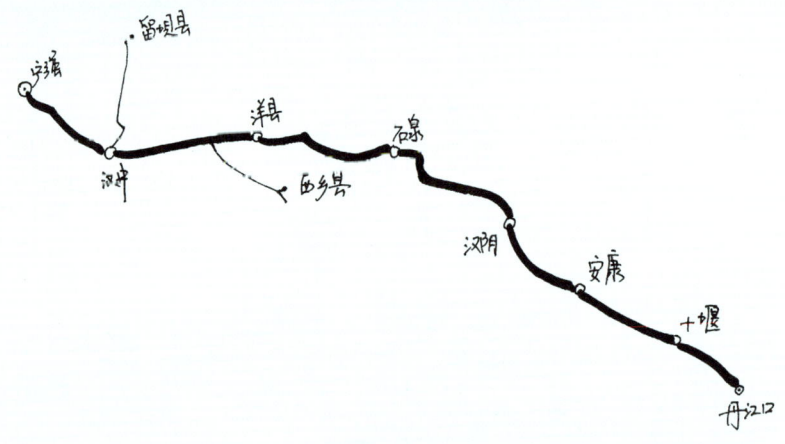

汉水上游示意图

道茶之风

中国人素来喜爱饮茶,茶在人们的生活中占据了极为重要的地位。

汉江流域一直都不乏产茶地,除了陕南地区以外,湖北地区也当属其一。陆羽在《茶经》里曾写道:"茶之为饮,发乎神农氏,闻于鲁周公。"神农氏开启茶饮之风,湖北应是发现和饮用茶叶较早的地方。湖北的茶早在汉唐时期就已盛名在外,茶类品种甚多,如宜昌红茶、三峡碧峰茶、恩施玉露茶、英山云雾、五峰银毫……不同的生态环境和地理条件,造就了每一种茶各自不同的味道和特性。

道茶,又名崇道茶,是指将道家文化融入茶道之中,从茶叶的种植到采摘、制作,甚至品茗的栖居、茶艺等各个方面都表现了道家崇尚自然、崇尚朴素、崇尚重生、贵生、养生的思想,彻悟茶道、天道、人道,以及回归"道法自然"的理念。道茶历史悠久,唐代《封氏闻见记》中记载:"开元中,泰山灵岩寺有降魔师,大兴禅教。学禅,务于不寐,又不夕食,皆许其饮茶,人自怀挟,到处煮饮,从此转相仿效,遂成风俗。"[①]作为著名道教胜地的武当山,因其所处地区气候温和、湿润多雨、土壤肥沃、植被丰富,故而在很早就有种茶饮茶的习俗。元代罗霆震《甜茶》就有歌咏:

---

① 李斌城、韩金科著,《中华茶史·唐代卷》,陕西师范大学出版总社有限公司,2013年,第204页。

"修真苦淡味仙灵,自种云腴摘玉英。亘古与人甘齿颊,春风百万亿苍生。"

道茶与佛茶并称为两大宗教名茶。古语云:佛茶中有禅机,道茶中有茶理。武当道茶追求无为而治、朴素自然的精神。道士们通过饮用道茶感受道家思想文化,更好地与自然和谐相处,做到回归自然的精神境界,而普通的茶客饮用道茶更多的是看重道茶的养生之道。《天皇至道太清玉册》记载:"老子出函谷关,令尹喜迎之于家首献茗,此茶之始。老子曰:食是茶者,皆汝之道徒也。"老子将道茶作为道家待礼之物,并纳入道的范畴,以茶修道。汉代的《神异记》中,也载有道人丹丘子品茗而羽化成仙的故事,茶作为融合了天地之精气的珍品,备受道家的喜爱和推崇。

武当自古便有"仙山"之称。在小说中,武当山是个充满了神奇与幻想的地方,是武侠豪杰们向往的江湖之地。武当山山势雄奇,高峰林立。武当山作为道教圣地,一步入高大的山门,即有一股道家之风迎面扑来。沿山间小径一路向上,满眼间尽是青绿苍翠。抬头,山顶似乎遥不可及,隐约能看到建于山间的道观一角。道家的山自与别处不同,道路两边绿荫密布,行至山间,微风习习,耳边听得山泉声汩汩作响,疑有落瀑悬于其中,却难觅其踪。元人曾有诗曰:"七十二峰接天青,二十四涧水长鸣。"武当山山高谷深,溪涧纵横,偶有不知名的小路山道,渐渐从眼际消失于密林深处,让人不禁浮想联翩,或许曾有道人路经此地,羽化成仙。

武当山的建筑颇为有名,在群山之间,共计建有殿宇 1000 余间。行走于山间,不时可见大大小小的道观坐落其中。这些古建筑都依山而建,与树木、山石、溪流浑然一体,宛若一幅意境悠远的山水画,充分体现了"道法自然"的哲学思想。武当山在唐代因道教繁盛,修建了不少道观殿宇,后多损毁于战火之中。如今山上所存的大部分建筑为明代所建,因此,具有明显的明代建筑风格,讲究居中适中原则,以中轴线为中心,两边建

道茶之风 | 109

武当山道观殿宇景观

筑分列排布，突出主殿宇，大小高低，错落有致。碑亭、天门及望柱和栏杆，都采用了标准的构件，给人以强烈的视觉节奏感。建筑多为红墙黑瓦，高檐穹顶，立于武当山幽静清明的环境之中，既具有宫殿般的恢宏气势，又有道家的仙风气韵。明人洪翼盛《武当道中杂咏》中写道："五里一庵十里宫，丹墙翠瓦望玲珑。楼台隐映金银气，林岫回环画镜中。"由此可见当时的情景。

倘若遇到大雨初晴的天气，行至山间，漫山的雨雾缭绕，山峦与殿宇都在云雾中若隐若现，犹如身处仙境。仔细寻找，有的殿宇中还保存着旧时留下的古老石柱和精美石雕。例如玄岳门就是以巨大的青石雕刻后再榫卯组装而成，匠人们在门楣上用高浮雕的手法雕刻出仙鹤、游龙、如意、八仙等图案，结构紧密，技艺精湛。而有一些由于长时间的风吹雨打和岁月侵蚀，如今已难辨原来的模样，残损的雕刻还遗留着旧时的印迹，裸露的截面透出黑色的石质，有时间的沧桑感。朱红的墙壁、黑色的瓦檐、青灰色的石阶……构成了武当山建筑群的基本色彩。拾级而上，抬头仰望，山顶的殿宇更显得巍峨高大。正殿中飘出袅袅青烟，恍若步入仙境之中。站在山顶向下俯瞰，只见灰色的石阶绵延于山间，黑、青色的屋顶密密麻麻，掩映于绿树丛中……在这样的环境和氛围中产出的茶，自然应与别处不同。

在武当山，有很多有关道茶的故事流传，例如传说真武祖师在武当修道，于是玉皇大帝便赐茶助其修身养性，得道成仙。因此，每年的三月三、九月九，这里都要举办盛大的法事活动，当然，道茶是必不可少的。还有关于八仙观的故事，相传当年八仙到武当山参加真武盛会，因慕名武当道茶，于是在老君堂盗来太上老君用炼丹般工艺制作的修性养生长寿道茶，群聚一片古茶树下，煮茶品茗，喝茶悟道，故将此处命名为"八仙观"。

我沿着平整的盘山路寻找八仙观，只见道路两边皆是排列整齐的茶树。

俯瞰武当山道观

站在高处放眼望去,梯田上满是密密麻麻的茶树,一层层相互间应错着,尤为青翠。现在不是采茶的时节,因而看不到繁忙的采茶场面。远处,就是天柱峰,甚至能隐约看到上面的太和宫、紫霄宫和南岩宫。八仙观村就坐落于此,村口的砖墙上有明晰的标志。整座村子的房屋皆为复古建筑,并兴建了长达近 200 米的武当道茶文化茶艺长廊,游客可在此品茶听歌,欣赏民俗表演。

品茶自然少不了茶艺,八仙观有专门表演茶艺的师傅,他们身背细长壶嘴的铜茶壶,身着白色长衫长裤。围绕茶桌,脚步轻移,只在一鞠身、

溯水而上
汉水文化寻访之旅

一侧转之间，滚烫的开水便准确无误地倒进了白色的茶盏中。据茶艺师讲，武当功夫讲究的是对人精、气、神的修炼。对外强调手、眼、身、步、法；对内讲究精、神、气、力、功。注重阴阳变换，动静结合，刚柔相济。因此，看似简单的表演，实则融合了深厚的太极功夫，颇具观赏性。深绿色的茶叶，在白色的茶盏中，经过开水的浸泡，呈现出娇嫩的浅绿。它们慢慢翻滚着，随着汤色的加重，渐渐沉积于盏底。鼻息间闻到一股醇厚的香气，沁人心脾。含在口中，茶的清香随着舌尖渐渐散开来，最后变成了一丝微微的苦涩，

山林掩映间的古建筑

停留在唇齿间，让人回味无穷。武当山的道茶是没有施过化肥和农药的有机茶，因而口感醇厚，具有天然的味道。加之武当山独特的地理环境和历史文化底蕴，更赋予了道茶深远的意味和独特的口感。

在武当山常常能见到身着道服的道人，有的虽须发皆白，却精神焕发。其间，偶遇一道长，60多岁了，但依旧身体健朗，走山路如履平地。他在武当山已生活了多年，谈起道茶，道长说，道茶本出自道人，道法自然，武当山山清水秀，气候宜人，因而产出的茶叶也具有一些保健的功能。说话间，道长从茶盏中取出了几片茶叶，直接放进口中咀嚼起来，他说，这是古人留下的方法，可以清心明目，提神解乏。

武当八仙观村

我照着他的方法，也取了几片茶叶放在口中，经过咀嚼，初始时口中泛起微苦，逐渐变成了一抹甘甜，慢慢在喉间漾开来。茶叶的清香，在这里变成了另一种味道，带着淡淡的青草气息和中药的芳香，还有一股源自山野的清纯和古朴的气息。

在人与人的交往之中，品茗不仅仅是一种味觉上的享受，更多的是一种精神上的交流。在武当山八仙观村，几乎每一家都在从事着与道茶有关的工作。每日游走于山中，看村人侍弄茶树，揉制茶叶。闲时便在凉亭间泡茶品茗，听一段古曲，偶尔也与道长们交谈几句，生活简单而闲逸，抛却了都市的喧嚣和繁华，在山林之间找到了向往已久的宁静和淡然。或许这就是道家所推崇的清静无为吧？生活，在一杯道茶中得到了真正体现。

其实，真正的隐逸不在于自己究竟身处何处，而是精神归属于何处。修心养性、超然象外——这才是道茶真正的灵魂吧。

本文照片由范佳提供

紫阳民歌

印象中,紫阳是一个被水环绕的小山城。

十几年前坐火车曾路过紫阳,透过车窗看到一片苍茫的水面,上面孤零零地泊着几艘小船。再远,就是一座被水环绕的小城,依稀能够看到黑色屋顶的房子鳞次栉比地排列着,夕阳下,多少有些萧索和淡然。

紫阳,只是一个小小的县城。沿汉江一路溯水而上,在大巴山的北麓,

紫阳县城全景

远眺紫阳县城

紧邻四川的地界边上，就能找到它的位置。紫阳县最早为古梁州之域，商代属庸国，春秋属巴，战国后期属楚之汉中郡，战国末期归于秦。近代起，将其归入安康地区管辖。

秦巴地区山势雄奇，地势宽广，紫阳地区山势复杂，河流密布。紫阳县城依山而建，倚水而居，汉江自西北至东南横贯其间，加之任河和嵩坪河，使得紫阳形成了独具特色的"三山两水一川"的格局。一座城，因为有了水而变得灵动了许多。

陕南北临关中，南毗四川，东接鄂豫，西通陇南，复杂的地理条件和特殊的环境因素，孕育出许多具有本土特色的艺术，民歌即为其一。民歌综合了多地域的文化特征，在陕南各地均有流传，如镇巴、宁强、南郑等，而紫阳的民歌又有着与其他地方不同的意味和风韵。紫阳民歌从体裁和形式上分为山歌、小调、风俗歌曲、花鼓、八岔、号子、孝歌和新民歌等十几个曲种。江边号子喜欢用吼和甩腔的方式，声音很大，往往在河谷都有嘹亮的回声；风格粗犷豪迈，具有浓厚的生活气息。而山歌则曲调平缓，旋律优美，具有较强的叙事性和个人感情色彩，多以表达爱情为主。紫阳民歌所用方言兼川、楚口音，具有浓厚的地方特色。民歌旋律优美婉转，其歌词借喻巧妙，风趣幽默，生活气息浓郁，有较高的文学价值。

时隔数年，再次走进紫阳，这次并非是遥远的眺望，而是近距离的欣赏。

昔日低矮的房屋如今已被高楼代替，江水环绕着小城。站在远山上，我的思绪依旧停留在旧时那碧波荡漾的水面以及停泊的几叶小舟上。经过数十年的发展，紫阳已从原来的小小山城，变成了如今颇具规模的城市。因紫阳县城是依山而建的，道路依山势蜿蜒曲折。这座小城与重庆倒有几分相似，类似的山、类似的水、类似的街道……只是与那座城相比，少了些繁华与喧闹，多了些隽秀和闲逸。

紫阳县城一角

崎岖不平的石板路

  多年前,由于安康水电站的修建,使得紫阳县城的水位大幅上涨,大部分老县城都已经被淹没在水面之下。如今的紫阳县城基本上是在安康水电站蓄水后重建的。后来,在县城的西关,我多少找到了一些残留的老街痕迹。踩着青石板铺就的小路和台阶,一路蜿蜒上行,残破的路阶露出不光滑的棱角。路边还有少量土坯房屋,依阶而建,站在高处,可以看到石板的屋顶。那些大大小小、形状不一的石片,宛如一幅极具沧桑美感的图画。木檐已斑驳得失去了颜色,留了厚厚的尘土在上面,灰黄色的夯土裂开了缝，屋顶的间隙长满了杂草……不时有背着竹筐和背篓的老人，佝偻着背，蹒跚地走过街角。

与陕南其他地方一样，紫阳也是著名的贡茶产地，尤其是富硒茶，不仅色香味醇，还有抗癌的功效。每年春天采茶季节，在山上、村口，甚至路边，都能看到青绿的茶园和采茶的姑娘。在茶园劳作时，姑娘们往往都会边采边唱，既是一种休闲，也是一种情感的表达方式。

> 正月采茶是新年，收拾打扮看娇莲；
> 自此今日看过你，朋友约我上茶山；
> 你在家中放耐烦。
> ……
> 三月采茶是清明，收拾打扮看情人；
> 自此今日看过你，朋友约我出远门；
> 你在家中放宽心。
> ……
> 冬月采茶雪花飘，采茶哥哥回来了；
> 两脚尖尖往前走，双手接住呵呵笑；
> 这是天上星来了。
> ……
> 腊月采茶又一年，采茶妹妹听夫言：
> 世上生意我不做，明年我还上茶山，
> 茶山顶上真好玩。

茶歌里大多反映的是爱情主题，主要以女子的表白为主。陕南女子性格开朗、泼辣大方，对待爱情态度坚决，率真、执着、爱憎分明。她们把自己对于爱情的向往和热情，都融进了歌声里。

    云在天上浮，
    水在山下流，
    妹十七来哥十八；
    你我都是青年家，
    哥是嫩笋刚出土，
    妹是茶树刚发芽。

  有时候也有经典的对歌形式，在茶园里，隔着高高低低的茶树，绕着曲曲折折的山路和沟坎，小伙子们与姑娘们一起对歌。以采茶为由，对歌传情，倘若对的郎有情妹有意，男方便可去女方家提亲了。

  在紫阳，民歌与人们的生活有着极为紧密的联系。年轻人谈情说爱，会唱缠绵热情的情歌；老年人去世，则有专门的丧歌；婚嫁时，要唱哭嫁歌、迎亲歌；船工们有激昂的船工号子；走路时有报路歌。歌词平实简单，嬉笑怒骂，皆是方言土语。在一首著名的紫阳民歌《郎在对门唱山歌》中，有这样的歌词：

    哪个短命死的发瘟死的挨刀死的唱的歌谣哎，好啊，唱得奴家脚耙手软手软脚耙脚耙手软手软脚耙……踩不得云板，丢不得梭哎，绫罗不织哎，听山歌哎……

  如此直白泼辣的表现形式和极具地域性的本土声音，也只有在淳朴的民间才能出现。明清战乱时期,紫阳地区来自川、鄂、湘、皖的流动人口较多,外来文化与本土文化相融合,便有了如今独具特色的紫阳民歌。据说新中国成立前紫阳会唱民歌的老人很多,后来学的人少了,民歌也就渐渐没落了。如今,又有许多年轻人开始学着唱民歌,尝试着将祖辈遗留下来的宝贵的精神财富传承下来。

在山里,民歌成了人们表达情意的一种重要方式,干活的时候要唱,休闲的时候也要唱。随意走进山里的一家,主人招呼客人,也可以用民歌来表达。问及为何要唱民歌,回答很简单:"喜欢嘛。""都唱了好多年了……"村民们简单的回答,略带着朴实的笑意。走在路上,有时就能听到这样的歌声:

> 远望乖姐穿身青,身戴钥匙有半斤;
> 走一步来响一声,好像骡马带串铃。

那歌声里带着些许戏谑的味道,夹杂着笑骂的成分,然而,这对于紫阳人而言,不过是一种相互调侃、休闲取乐的方式。也有好事者用歌声给予回击的:

> 远望大哥生得丑,活像一条撵山狗。
> 见人就要汪汪叫,见肉就想咬一口。

于是,你来我往,互不相让,这就变成了经典的对歌形式,唱者、听者都乐在其中,内容大都是即兴发挥,没有刻意地描摹,更没有多余的做作,是村民们内心最直白的声音,也是最传统最朴实的语言和情感表达方式。千百年来,紫阳人就是在这样的歌声中生活,并世代传承下来。

在紫阳唱了几十年的何耀信老人,被称为"民歌大王",据说虽已年逾古稀,但精神矍铄,唱起歌来不减当年。我无缘谋面,却听到了许多关于他的故事和录音:

> 同志们,你听言,听我来给说快板,别的啥,暂不谈,改革开放30年,紫阳县来了个大改变,从旧县,到西关,街道修得多体面,板石街道一条线,茶乡歌乡排两边,文化中心电影院,电梯上下多方便。公交车,更方便,上车只收一块钱,包到县城打转转。广场修到了西关,人民盼望了几十年,站在广场的对面看,人造卫星满山转。各乡镇还修的敬老院,生老病死国家管。这几年,县委的四大班子的工作抓得欢,给人们造福万万年!万万年!

老人能够凭借自己对生活的理解和感受,去进行民歌创作,让人感受到他对新生活的热爱和憧憬。

汉江中游的人们,围水而居,生活也因为水的存在而变得鲜活和生动。回望紫阳,这座山清水秀的小城,那婉转高亢的歌声似乎还犹在耳,祈愿着歌声能一直延续下去,流淌在汉江的水面上。

本文照片由杨庆提供

陕南的梯田

记得曾在某本杂志上看到过这样一幅图片：青翠茂密的崇山之间，高高低低的山峦上，被层层叠叠的梯田所环绕。"S"形如蛇般蜿蜒在其间的田垄，弯弯曲曲，似一串跃动的音符。田里灌满了水，刚刚插上的秧苗还泛着嫩绿的青色，水面倒映着蓝色的天空，田间绿树繁茂，农舍安然。有阳光从空中倾泻而下，洒在静静的山峦上，一切都被融入了淡淡的光晕之中。

这是一幅取自陕南地区的梯田摄影作品，时节恰是春日。汉中自古便有"西北小江南"之称，温暖的气候和适宜的温度以及盆地地势，造就了独特的梯田地貌。所谓梯田，是指在坡地上分段沿等高线建造的阶梯式农田，可以防止耕地的水土流失，具有蓄水、保土、增产的作用。

梯田不仅陕西有，全国各地几乎都能看到，主要分布在江南山岭地区，其中广西、云南居多。不同地区有不同形式的梯田。陕南的梯田因其独有的含蓄和隽秀之美，赢得了世人的赞许和肯定。在陕南，梯田是一道极为独特的风景。

梯田在陕西历史悠久。《诗经》中就有"信彼南山，维禹甸之"、"奕奕梁山，维禹甸之"的诗句留存，其中的"甸"，意为"治"，即在大禹时期，先民们就曾在南山（今陕西长安区）和梁山（今陕西韩城）上修建过田地。"瞻彼阪田，有菀其特"，则意指山坡上的田地，即我们现在所看到的梯田雏形。

云雾缭绕中的古梯田

在陕南最常见的是石坎梯田，是指在山区的坡耕地里，用石头堆成石坎，层层堆砌，形成牢固的水平线。坡式石坎梯田模式，既便利了农业生产，又有效防止了土壤的流失。由于陕南地区终年雨量充沛，气候温暖，适宜于稻米的生长，素有"鱼米之乡"的美誉。因此，在陕南的山区，除了石坎水平梯田外，还能看到土坎梯田。相比石坎梯田，土坎梯田在修筑上要简单许多，只需依山势和坡地形式从高至低修筑出层次即可，而石坎梯田则还需要在田面外侧加上一层挡土墙。陕南的山并不高，为了更大限度地发挥地势的特点，提高稻米的产量，许多坡地都被改造成了小规模的梯田，整体虽不及云南地区梯田的壮美，却精致婉约。

最爱陕南的春天，大地刚刚回暖，四月，正是油菜花盛开的季节。站在山顶上向下俯瞰，一层层的梯田层叠盘绕在山间，金黄色的油菜花盛开其间。花儿开得繁盛，便看不见田垄，梯田变成了一片热闹的海洋。高低不一的层面造就了不同色彩的景致，大片大片的黄色在春日阳光的照射下，呈现出深浅不同、冷暖各异的丰富的视觉效果。

初夏时分，油菜花季节过后，再看梯田，又变了模样。田垄里蓄起了水，农民们赤了脚、弯着腰在田里插秧苗。

陕南的春天似乎特别短，因而夏天就显得格外漫长。农民们插下秧苗，余下的时间便是等待了。田垄间，欣欣向荣。嫩绿的秧苗刚刚抽出新叶，田垄上密密地长满了草芽。田垄里的水面平静得像一面镜子，阳光斜照在水面上，有淡淡的光影浮游在其间。偶尔，在田垄间浅浅的水洼里，能看到黑色的蝌蚪和小小的鱼苗。

倘若站在高处向下看，那些绿色的田垄，就如同一块块拼接而成的地毯，散发着清幽的光晕。田垄间偶尔也会间杂着一两个水塘，农家饲养的水禽就栖息在里面，它们在有淤泥的塘里嬉戏、打闹、觅食，给静谧的田

陕南的梯田 | 129

霞光下的古梯田

村庄与梯田

间增添了不少的生气。农舍就建在田垄之间,白墙黑瓦,与杂树错落在一起,远看,这一切仿佛吴冠中笔下的一幅水墨画。沿着蜿蜒的梯田边行走,会有一种奇妙的感觉,水、天、云、地都融合在了一起,空气中满是清新的泥土味道。

梯田是陕南一道独特的风景,它不仅仅是农田的一种表现形式,还印证着历史和岁月的变迁。在陕南梯田几乎处处可见,但最著名的应属巴山的汉阴凤堰古梯田。据说,汉阴凤堰古梯田为清代所建,是目前秦巴山区面积最大,也是保存最完整的古梯田。

在蒙蒙细雨中,我们决定去探寻一下它的真实面貌。

夏季刚过,天气还不算太冷,但连日的阴雨让空气的湿度增加了不少。在盘旋而上的山间公路上,时常能遇见云海。茫茫的雾气将整座山都笼入其中,缥缈如仙境般。远远地,只看见隐约露出的峰顶,俯瞰下方,蜿蜒的水泥路在山间盘旋,若隐若现。伸手,感受到微微的凉意,那些细如发丝的雾霭,只在须臾间就飘散得无影无踪。偶尔掠过脸颊,轻若游丝,转瞬即逝。行进得久了,仿佛身在云端。

随着天色逐渐转晴,云雾渐渐散去,远远地,我们看见了山脊上那一层层密密麻麻、相互连接着的梯田。

凤堰古梯田坐落在距离汉阴县城35公里的漩涡镇。说起镇名,还真是名副其实。远看这山峦,犹如旋涡般层层叠叠,连绵不绝。很难想象,这些盘踞在深山中的梯田始建于清代,并遗存至今。站在山顶俯瞰,一层层梯田沿着山峦的走势蜿蜒而行,阡陌纵横,在雾霭中显现出一种神秘的美感。由于稻谷已经成熟,因此,田垄里都满是沉甸甸的谷穗。颜色昏黄,夹杂着一丝暗沉的绿意,有些收割过的田垄,则堆着高高的草垛。夏日如镜子般的水面已不复存在,到处洋溢着丰收的气息。

溯水而上
汉水文化寻访之旅

沿着公路盘旋而下,行至山脚。抬头,那满山的梯田变成了一道道曲线,灰黄色的田坎是线条的延续,农舍就间杂在其间,即使没有俯视的广阔景象,也能感受到梯田的壮美。

小镇的人们虽依旧沿袭着日出而作,日入而息的传统生活模式,但新建的房屋和便利的交通,还是给小镇的生活带来了明显的变化。与当地人攀谈得知,小镇的年轻人大多都出外打工,留下了孩子和老人,这也是中国现阶段很多小城镇所共有的生活模式。

当地的一位老人指着不远处的梯田对我说:"凤堰古梯田包括凤江梯田和堰坪梯田,是由黄龙、中银、东河、堰坪、茨沟五个村的梯田连接而成的,总共有一万多亩,这一片就属于堰坪梯田。"听得老人带有浓重的客家口音,

村庄与梯田

忍不住相询。原来，这里的居民很多是在明清时期，从两湖、两广、闽粤、赣皖等地迁移而来的，即历史上著名的"湖广填陕南"时的后裔。乾隆年间是人口迁移最多的时期，长沙善化吴氏家族五大房陆续迁来陕南，至咸丰年间，吴氏家族已迁入人口过千，形成了以吴姓为主的家族群落。后身为知县的吴敦品，曾为其家谱《先德录》撰文：

> 当是时，堰坪田无几，而秦俗又不谙沟泄之法，待雨以田，无雨则田石，于是相戒无田。公乃为杨氏及居人力言疏导堵泄之利，度远近沟渠道，深塘陂时蓄泄。杨用以饶，渠用以昌，不数年，堰坪山麓皆垦为田。杨既卒，诸郎不才，公乃辞去，以所积佣值自耕。后杨氏果败，鬻其宅与田于公……由是我祖考及我三、四叔祖于乾隆二十七年来秦；由是我金井塘房成章公于乾隆三十年来秦；由是我何家田经天公、大纯公于乾隆三十四年来秦；由是我曾叔祖友谅公于乾隆三十四年来秦。而公实为吾秦吴氏西迁之始祖。①

由此可见，吴家迁入之前的堰平几近一片荒蛮之地，在吴家的带领下，人们才开始兴修沟渠，垦荒造田，年复一年地围筑梯田。当然"湖广填陕南"不仅仅是一段人口迁徙的历史，更是一段不同地区文化相互碰撞、相互融合的历史，才出现了陕南地区复杂多样的文化。

由于以前这里较为闭塞，人们的生活方式和说话口音没有受到外界的太多干扰，基本沿袭了从前的方式。饮食习惯仍然葆有湖广一带的特色，几乎每一家都擅长做腊鱼腊肉白米饭，散壳子的白菜红豆腐，又香又辣。

---

① 陕西客家联谊会编，《陕西客家人》，太白文艺出版社，2008年，第84页。

自 2012 年起，汉阴县就开始着手打造凤堰古梯田 4A 级旅游景区的建设，依靠古梯田这一自然优势，大力发展旅游产业。2014 年建成我国第一座以移民农耕文化为主题，以自然山水为背景，以古梯田为展品，以民风民俗为辅助，保护和展示原生态生产生活方式和旅游的开放式生态博物馆。现如今，这个曾经一直封闭的小村落渐渐走出大山，为世人所熟知。现在这里到处都能看到新农村的新景致，越来越多新修建的二层小楼房取代了传统的土坯房，拖拉机、收割机等现代化的农业工具代替了原先的人力和畜力，新兴的家具和家电比比皆是。凤堰古梯田正在从传统走向现代。

世代居住于此的人们，早已习惯了恬淡自然的生活，虽然越来越多的人纷至沓来，但并没有影响到他们的日常生活。随意走进一家院落，都会有人招呼你落座休息，即使是最简单的农家饭，也能让人心生暖意，朴实和善良是山里人特有的品质。我沿着村落的小路一直深入，路的一侧是不高的山坡，另一侧就是远处高高低低的山峦和错落有致的古梯田，隐约还能看到田里有劳作的农民。农舍就坐落在其间，暮色下有袅袅的炊烟升起。整座梯田宁静而富有诗意，古时文人笔下所描绘的世外桃源，也不过此般景象吧？

那一道道纵横的梯田如同大地的脉搏，静心聆听，会听到它发出的强有力的声音。凤堰古梯田作为南北文化的交汇地，是中国移民文化与农耕文化相融合的产物，那些如诗如画的美景和深远厚重的文化印迹，深深地吸引着前来探寻的人们。

再回首时，夜幕已渐渐笼罩大地，只依稀见得些隆起的山脊，梯田早已消失在渐沉的暮色中，寂静，安然。

本文照片由向荣提供

后柳镇的岁月和时光

后柳镇位于陕南石泉县南23公里外的汉江沿岸,东与本县池河镇接壤,南与喜河镇交界,西与中坝乡毗邻,北连城关镇,是陕南较为著名的小镇之一。

探寻后柳镇,源于对古镇的那份执着。四月,还是乍暖还寒的季节,我沿着汉江驾车一路行驶,穿行在秦岭山脉之间,隔江的远山郁郁苍苍,虽是初春,却已是满目青翠,春意盎然。我对古镇始终有着一种难以割舍的情怀,因此,后柳古镇对我来说有很大的吸引力,即便听说它已经变得不再那么古朴,甚至已经很商业化了,但心底那份挂念却一直不曾放下。

车子辗转行驶在迂回曲折的山路上,时间显得有点漫长。近三个多小时的路程,让人对深藏在大山里的陌生小镇更多了几分向往和猜测。一直以来,在街头巷陌,看那些古老的建筑、破旧的门楼,以及在门内生活的人们,都会有一种熟悉和亲切感。那些属于久远生活的点点滴滴,往往就在凌乱的摆设和细节中得以体现。

后柳镇盛产桐油。从清朝始,这里就是一个著名的交易集散地,后柳镇的人们沿江砌坎,修建油坊,因此这里早先又有"油坊坎"之称,曾是连接陕南和川北的重要商埠。凭借汉江水运的便利,陕南的茶叶、生漆、木耳等山货土产从这里销往各地,来自四川、湖北、湖南、江西等地的客商纷纷在此建铺中转货物,这里也曾是一个商贾云集、熙来攘往的繁盛小镇。镇,最早是指古代的军事据点,后来随着经济的发展逐渐演变为居民聚集地。后柳,称其为镇,多少有些言过其实,它也就是一条老街。

后柳镇的房子大多建在临江的山地上,老街并不宽阔,狭窄的石板路曲曲折折。两边的房屋大多也已经翻新,完全是现代的样式。只是多了高高翘起的屋角,唯有几处旧屋,还保留了老屋的样式。这些建筑房屋多为两层,一层与二层之间有木质的楼梯相连接,二楼的隔板、门窗和屋檐均为木制,屋顶用整根的粗大木头椽子作为支撑,上面覆盖黑色瓦片。临街

后柳古镇老街

老宅子

的房屋多作为商铺,大多数的门还是旧时候留下来的板式木门,需要一扇一扇地拆下和组装。

走到一家商铺前,只见木质的屋梁已经老朽,青黑色的瓦檐上挂满了蛛网与灰尘。屋顶荒草丛生,老式的木板门被一把厚实的铁索牢牢锁住,轻轻推了推,有一种生涩的声音传来,吱吱呀呀地露出一点缝隙。门前的青石板台阶与老屋一样充满了古旧的气息,杂草倔强地从每一个地缝里探出头,连成一片。唯有屋檐下悬着的红灯笼,还留有一丝过去繁荣的印迹。

站在高处能看到地势较低处的屋顶,黑压压一片,连着蛛网般的电线。沿着平缓的阶梯一直走下去,就到了河边。河面倒是很开阔,新修的码头和广场看起来非常现代化,接送客人的游轮整齐地排列在河边。河水并不清澈,泛着白色的泡沫,被涟漪一圈一圈地堆积在岸边。当地的妇女,掬了水,俯身在河水边洗衣服,因为不是旅游旺季,所以这里的游客并不多,三三两两的,阳光尚好,照在河面上闪着粼粼的波光。

与很多古镇一样,本地的年轻人基本上都出外打工了,留下的几乎都是老人和孩子。沿街墙角的木条凳上,坐着三三两两的老人,晒着太阳,吸着旱烟,聊着天。他们与这个古镇一样,布满了沧桑,不知不觉间,已经与古镇相互融合,变成了它的一部分。

随着汉江的阶梯开发和喜河水电站完成蓄水,汉江两岸的一些村镇将被部分淹没,在这些城镇老街、老房子的后面,新路、新房子正在兴建。为了将后柳镇打造成一个新的旅游点,政府已经投入资金,将部分老街、老房子进行了修缮,原本安静的小镇也因为越来越多慕名而来的游客变得喧闹起来。

我坐在街边一处敞开的木板门边,与一位 78 岁高龄的阿婆闲聊,她

老街和留守的老人

的家是这镇上一家老式的理发店。老人自己也说不清楚这栋老房子到底有多长时间,她说打记事起就住在这里,后来靠给人理发维生,老伴前年去世了,孩子们也都在外地打工,过年才能回来一次。阿婆说自己现在眼睛还能看得清,偶尔也能给人理个发,赚几个零花钱。说起这老房子,阿婆的脸上充满了温暖的神情,尽管房子很老很旧,许多地方都有待修葺,但这里是她生活了一辈子的地方,再老,都不舍得离开。

房子是典型的陕南民居样式，木质结构的小屋，沿着狭窄的小楼梯，可以上到二层的阁楼，那里低矮、昏暗，不住人，只是用来储物。门很简陋，就是几块木板拼接而成，拆开就是商铺。屋内摆设了几样最基本的生活用具，台面上放着几样过去的理发用具。古旧的老式镜面，倒映出过去时光模糊的影子。一把破旧的木椅上，搭着一件摞满补丁的布围子。

我很想知道在古镇过去的岁月里，那些不为人知的故事。它们都隐藏在老街的角角落落里，一块青石板、一片旧瓦檐、一把老藤椅、一扇旧窗棂……这里记录了每一个时代变迁所留下的痕迹，也承载了几代人的悲喜和辛酸。

后柳古镇

建筑,永远都与人的生活息息相关。当我们厌倦了大城市的繁华和喧嚣,便试图在宁静的边隅找一个所在,一个能够寄托灵魂的地方。那些曾经被我们遗忘的某一个角落,无论多么久远,都始终存在于心。

陕南的古建筑不会随着时间的流逝而消失,它依旧会存在于某些陕南古镇偏僻的一隅,记录着旧时光,恬淡,自然。

茶乡的味道

我素爱茶，从小对茶就有一种难以割舍的情怀。

小时候常随爷爷去小县城的茶馆喝茶，那里没有精致的茶具，都是一水的白瓷缸，沾着常年留下的茶渍，几乎已经是焦黄的颜色了。硕大的铁壶冒着白烟和热气，从一样分不清颜色的茶叶桶里捏出一撮茶叶放进茶缸里，滚烫的开水往里一浇，黑色的茶叶就在昏黄的缸子里翻滚起来，盖上盖子，过几分钟揭开，一股浓郁的茶香扑面而来。瓷缸在老人们宽大的手指节间摩挲着，一缸昏黄泛黑的茶水，只几口，就全被灌进了喉咙。乘大人不注意，我也偷偷尝过，嘴里全是苦涩的味道，呛得人咳嗽，于是发誓再不喝茶。

长大以后，才知道茶原来是一门深奥的学问。在几千年的中华文明中，茶占据着极为重要的地位。茶叶曾经作为丝绸之路上重要的交流物资，在欧亚大陆间传播。在唐宋至明清时期的茶马互市中，中原的茶叶也是重要的贸易品种之一。

陕南地处秦巴山区，自古以来就是产茶的重地。有名的如西乡的午子仙毫、南郑的汉水银梭、宁强的雀舌、定军的茗眉、镇巴的秦巴雾毫等。陕南是中国茶文化的发祥地之一，汉中的茶区属于巴蜀茶区的北缘，最适宜茶树的生长。汉中的茶文化历史悠久，据史料记载始于秦汉，盛于唐宋，有"男废耕、女废织，其民昼夜制茶不休"的盛况。汉代，陕南就属于我国的七大茶区之一，唐代已经是著名的贡茶之乡，由于两乡生产的贡品茶形似月亮，紧压成团，名曰"西乡月团"。西乡茶沿子午道运抵长安后，百官争相嗜饮，名震京华。陆羽在《茶经》中，将陕南列入了山南茶区。[①]《宋史》载："汉中买茶，熙河易马"，两宋时期汉中的兴元府、洋州、兴州等，均为重要的茶叶产地，加之从陇南、荆湘、川南一带涌入的茶叶，使得汉中成为当时重要的茶叶集散地，茶叶贸易空前繁荣。

陕西绿茶统称"陕青"。其中，用火炒干的谓之"炒青"，用火烘干的谓之"烘青"。在陕南，几乎所有茶叶都为炒青，如著名的紫阳毛尖、秦巴雾毫、午子仙毫、汉水银梭等。从安康到汉中，茶园遍地。汉中的茶园大多分布在丘陵地带，这里气候温和，雨量充沛，温度适宜，给茶树创造了极好的生长环境。

清明前后，茶山已是一片青绿，此时阳光和煦，虽是春天，却还微带着些许的寒意。阳光下，低矮的茶树被分割成了一垄一垄，站在山顶俯瞰，像是一个精美的园艺作品。穿行在茶树之间，有清新的茶香扑鼻，沁人心脾。在陕南，采茶的姑娘也是一道靓丽的风景，挎上竹篮，指尖像飞舞的剪刀，只看见手指灵快地上下翻动，新鲜而嫩绿的芽尖就被采摘下来，不一会儿，竹篮就满了。倘若运气好，还能听见带着浓郁的陕南地方风味的采茶歌。

> 哎，三月喏采茶三月三，
> 三月清明上茶山，
> 山女儿乔装打扮，

[①] 中国茶业年鉴编辑委员会编，《中国茶业年鉴·2011》，中国农业出版社，2012年，第291页。

采茶的姑娘们

> 小小手儿十指尖尖。
> 哎呀我的冤家，小冤家，
> 妹呀采的细茶呀，
> 郎陪伴……

陕南人生性淳朴善良，豪爽大方，即便是在采茶的间隙，也不忘借此传递心情，表达爱意。

当地人把清明节前采摘的茶叶称为"明前茶"；清明节后采摘的茶叶称为"明后茶"。因为清明节前采摘的茶叶芽叶细嫩，品质上乘，口感好，因此，明前茶的价格较之后者都要高出一些。

茶叶摘好后，经过粗略的挑选，接着进行低温翻炒。如今大多数的茶园都采用机械化生产，很少能看到手工作坊，只有个别的茶园还保留着这门祖上留下的制茶工艺。我偶然在南郑的一个小茶作坊里，看到了手工制茶的全过程。只见制茶师傅挽起袖子，将挑选好的叶子放在一口偌大的铁锅内，双手熟练地翻炒着锅内的茶叶，并不时地用手捻出一些质地或形状不好的叶片来。炒制新茶，温度是至关重要的，火势太大，会使茶叶焦糊；若火势太小，又不能让茶叶充分受热，达不到烘焙干燥的要求。并且一口锅里的茶叶数量要适中，不能太多，否则也会影响制茶的最终效果。因此，制茶技术的娴熟与否，需要制茶师傅多年积累的经验，再加之耐心和细心。

手工制成的茶叶，不仅保持了茶叶本身的形状，还保留了茶叶的新鲜度。但炒制好的绿茶一般需要放置上一段时间，再拿出来喝。这样做一是为了去除新茶所带的草腥味和涩感，使口味更加醇厚；二是为了使茶中的多酚类等物质氧化，降低对肠胃的刺激。用当地人的话来说，就是"去火"，只有这样，才能使茶叶的味道更佳芳香馥郁，滋味醇厚。

每到初春，在西乡的茶园里，客人们可以挎上竹篮，亲自体验一下采茶的乐趣。此时，嫩嫩的芽尖刚刚出头，青翠欲滴，用手指轻轻掐下来，指尖还余留着一股淡淡的香气。行走在其间，鼻息里和着初春时节空气里特有的清新。茶园里，亦能看到采茶的美丽姑娘们，挎着竹篮，嬉笑着，散落在茶园的每个角落，只消一会儿工夫，小小的竹篮就已经满满当当了，她们也为茶园增添了几分乐趣。

坐在茶园的小竹椅上看主人泡茶，也是一桩乐事。经过挑选、烘焙、放置等一系列工艺之后，茶叶已经改变了最初的模样，从青绿的嫩芽变成了深色的干叶。从中捏出一小撮来，用手指捻一捻，看看它的形态。再放在鼻前闻一闻，感受一下它的味道。随后，茶叶被放在玻璃杯中，当滚烫的热水浇进去时，炙热的白色水雾迅速散开，一股浓郁的茶香弥漫开来，充斥于鼻息。无数深色的茶叶在玻璃杯中，随波翻滚，上下起伏。须臾间，那些干枯的叶片都渐渐舒展开来，像是获得了新生。每一片叶子都带着天地间的灵气，在水的浸泡下，焕发出了新的活力。颜色也逐渐由深转淡，最后，变得鲜嫩、娇艳，一如初见时的模样。玻璃杯中的水色，由清澈逐渐变得昏黄起来，然而那色泽却依旧亮丽，泛着淡淡的光感，如同碧玉一般。

喝一小口，舌尖传来一丝涩涩的苦味，茶水在口中回旋几番后，少顷，那丝苦味却渐渐变成了一抹甘甜，流连在口中。闭目，那浓郁的香气还淡淡地回荡在鼻息之间。

因为盛产茶叶的缘故，陕南喜欢喝茶的人尤多，特别是绿茶。久而久之，喝茶变成了一种风俗和习惯。朋友聚会、聊天议事都选在茶楼进行。许多县城和集镇上，都开有大大小小的茶馆，最常见的是简易小茶馆，即两间瓦房、一座凉棚，摆上数十张木桌和条凳，一把烧水的老壶，一排白色搪瓷的茶缸，就可以开张营业了。光临这里的大多是退了休的老职工和老街坊，晨起洗漱、早饭后，就提着鸟笼拎着烟袋，到茶馆泡壶茶歇歇脚，顺便打发打发时间，往往一天都消磨在这里。若是再讲究些，自有更加高档的茶楼，宽敞明亮的茶室，老木的茶案和桌椅，还有精雅别致的茶具。待伺茶的姑娘动作轻盈地泡上一壶色泽清亮的绿茶，一下午的时光泡在这里，倒也安然惬意。

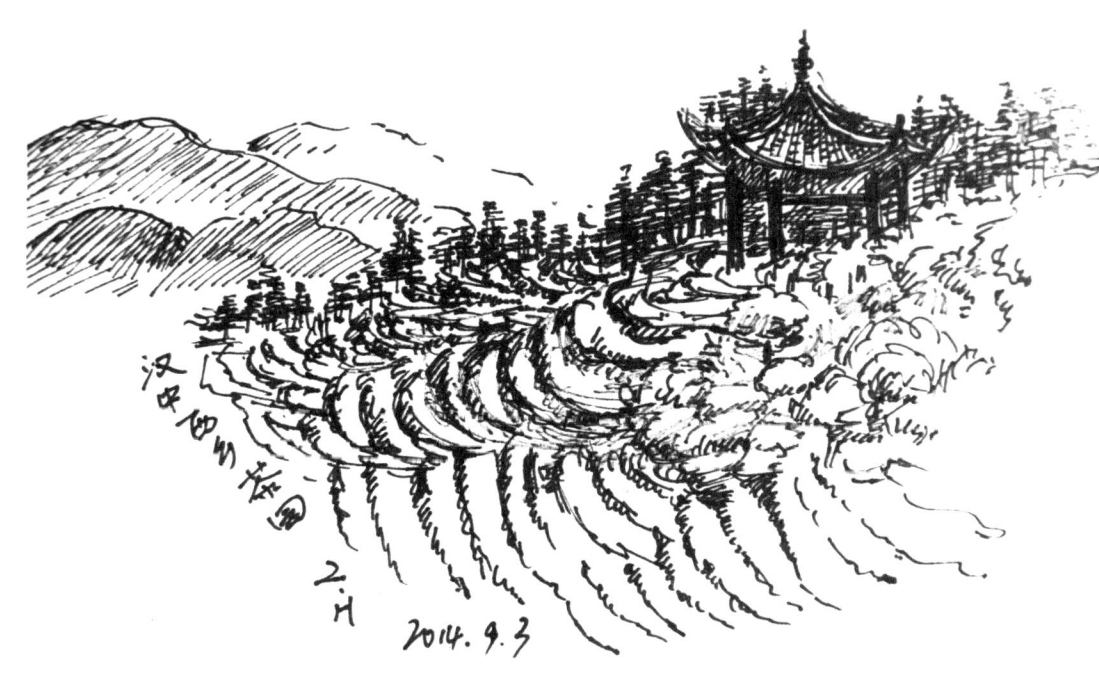

西乡茶园一角

在巴山里,常常有农人在耕地的间暇,用石头支起简易的灶台,将茶叶置于茶缸中,以溪水熬煮。据说,其色浓若紫汤,味苦涩似中药,当地的人们皆以此解渴,提神解乏。

在陕南,还有一些与茶相关的传说故事。相传三国时期,诸葛亮曾于勉县设坊煮茶,谈茶论道,于是便有了"卧龙茶"和"煎茶岭"的典故。还传说刘邦曾在西乡茗茶,茶仙显圣,他才有了"明修栈道,暗度陈仓"

罐罐茶(本组照片由余江提供)

第一道工序,熬好茶叶水

第二道工序,准备好多达十几种的佐料

第三道工序,掌握好火候,精心熬制

第四道工序,分别调制佐料

的计策。后来为了纪念此事,刘邦将曾喝茶谋略过的小镇命名为"茶镇"。

除了饮用,在陕南,茶叶还被当作饭食的一道重要辅料。例如略阳有名的小吃"罐罐茶"。这道小吃常常被当地人作为早餐来享用,据说最早是由氐羌人发明并流传下来的。所谓的"罐罐茶",是用小陶罐盛水,加入茶叶熬煮,边煮边放入面糊、清油、茴香、藿香、生姜、盐等调味品,以及核桃、肉丁、鸡蛋花等食材,慢慢熬煮,将茶叶的清香与各种调料和食材相混合,从而熬制出一种口感更加丰富的食品。在冬日寒冷的早晨,喝上一罐热乎乎的罐罐茶,一天都倍感精神。

而另一种被称为"蒸油茶"的小吃,则是将猪油切成小块的粒状,同桂圆、枸杞、大枣、核桃仁、冰糖等一起置于盆内,再放入笼中蒸至猪油融化。吃时舀一二调羹,倒入小罐内,加入适量的茶水,置火中煨沸即可。这种茶味道香浓醇厚,还有滋养、益脾润肺的效果。

行走在茶的故乡,处处都能闻到茶的清香。在这里,茶已经融入人们的生活,从布置精美的茶馆到街巷里的大茶铺,无论是价格高昂的名茶,还是价格低廉的粗茶,都能找到合适它的位置。茶,已经成为人们相互交流、传递情感的一个必不可少的媒介,生活也因为有了茶而变得丰富了许多。

本文照片由王向明提供

古洋洲和朱鹮的故事

若不是朱鹮,恐怕知道洋县这个地方的人不会像今天这么多。

洋县古称洋洲,位于汉中以东一百余里。北依秦岭,南俯巴山,汉江横贯其中,有丰富的自然资源。辖域内有傥骆道穿越秦岭,是古代连接四川与关中的重要之地。在宋代,"古洋洲辖兴道、西乡、真府三县",范围要比现在大许多,除了洋县本身外,还有西乡、佛坪、镇巴三县。

驱车还没进入洋县城区,抬头,公路上高大的路界边就赫然写着三个大字:古洋洲。

据当地人回忆,新中国成立前,洋县的街道还很狭窄,不过一条主街,低矮的瓦房,斜斜地排列在小街的两边。如今,洋县的街道早已新修扩宽。大多数老房子都已拆除,盖上了新楼房,只有西街还暂时保留了一些过去老街的旧房屋。

循着路人的指点,在西街,我找到了洋县过去的一些影子。说是老街,其实只是保留了一小部分而已。这里与汉中的东关老街有许多相似的地方,沿袭了陕南民居的风格特点。陕南,尤其是汉中一带的民居建筑,大多采用了砖混的墙体结构,以穿斗式木构架为主,多为三合院或四合院两种形式,一般分为正房、厢房和过门房,中间围起的部分刚好作为天井。正房的屋檐通常都会长一些,便于人们在底下吃饭和休息。厢房在正房的两侧,面积也小了许多。两段由围墙相连,墙中间朝南开门。老街上有些房屋已经年久失修,有些残破不堪,瓦檐间长满了衰草,门窗都已老化,布满了灰尘的电线密密麻麻地穿插在屋檐下。但若仔细端详,还能依稀分辨出檐下廊柱上遗留的雕刻痕迹。

老街上许多住户将原来的老屋进行了一些修缮,在原有的基础上,加固了顶棚,盖了新瓦,抹了白色的石灰墙面,将老式的木质门窗,换成了铝合金的新门窗。想要寻觅一处保护得较好、较完整的老式旧居,却是一件非常困难的事情。即便是享有"地主庄园"之名的谢村民居,如今除了残余屋顶的一些碎瓦和残破的高低不齐的墙体,基本上已看不出昔日名负一时的地主庄园的原貌了,不由让人感到惋惜。

老街上的房屋大多为商用,开了店铺或茶馆。有些店铺都还保留着几十年前的旧招牌,木质的门匾,刷着白色的漆面,在上面用黑色的漆写了

老街上的店铺

店铺的名字。杂货店里还留着旧时流行的玻璃木柜子，玻璃货柜和老式木货架上摆放的商品琳琅满目，还有一些则被随意地挂在门口或地上。倘若天气不好，屋里就显得昏暗了许多。卖货的老人戴着老花镜，坐在门口的竹椅子上看着报纸，晒着太阳。

茶馆似乎显得更加破旧，木柱上的红色春联还在，只是已经看不清字迹。狭小的房间里，同样摆着一溜儿老旧得辨不清颜色的木桌长凳，吸着旱烟的老人们跷着二郎腿，喝着茶，打着牌，白色烟气氤氲在房屋中。墙面早已被熏得灰暗、发黄，屋顶的木梁也积满了灰尘，阳光从开着的门里照进来，像是一幅搁置了很久的年画，斑驳得失去了色彩。

小饭馆里倒还有一些热闹的气息，房屋虽也低矮破旧，但丝毫不影响人们吃饭的兴致。洋县的小吃与汉中没有多大的差异，以米皮和面条为主。前一天晚上就磨好的米浆，被倒在铝制的小平锅中，舀一勺，在盛着开水的大铁锅中轻轻一转，待稍凉，一张米皮就成型了。薄薄地刷上一层熟菜籽油，放在案板上，宽大的面皮刀将其切成细细的小段，码在瓷碗中，再浇上蒜汁、调味料和一大勺喷香的油辣子，就算大功告成了。最好再配上一碗地道的菜豆腐稀饭，这就是经典的早餐了。

除此之外，洋县的挂面也是一绝。在老街上，经常能看到这样的家庭式挂面作坊。洋县挂面由于口感好、韧性强、容易保存的特点而非常有名，一般多在秋冬季节制作。先将面粉与温水混合，加入适量的盐，经过手工揉制，使面粉与水、盐充分融合。再揉成较粗的长面团，粘上油，整齐地盘在缸里。盖上棉被醒上几小时后，将其取出，分段悬挂在提前搭好的木架上。面条自然垂落下来，使得每一根面条粗细均匀，经过自然晾晒后，面条变硬，便可贮藏销售、食用。因为在揉制的过程中加入了盐的缘故，洋县挂面在下水后能保持坚韧的口感，有嚼劲，也适于长时间保存，很受当地人的欢迎。

古洋洲和朱鹮的故事 | 155

洋县最有名的手工挂面

枣糕馍

而我最喜欢的则是洋县的另一种小吃：枣糕馍。这种馍馍外形似双耳，内夹红枣，雪白的馍皮上，有红色类似梅花的点缀。吃在嘴里，口感酥软，还有一股醉人的淡淡酒香和甜味。做枣糕馍的铺子很不起眼，若不是门口的招牌，一般不易被发现。但出笼时的甜香味，伴随着热腾腾的蒸汽，一整条街的人都知道这家的枣糕馍做好了。做枣糕馍也是有一定讲究的，首先，枣糕馍的酵母必须用做黄酒余下的酒渣来发酵，在大面缸里用温水和面，夏季时水温可略低，冬季时水温要略微高些。和面时加入白糖，这样做好的馍口感清甜。和成的面要经过手工不断揉搓，将面粉与水、白糖充分融合，再分别做成单个的馍，加上棉被醒半个小时以上。最后入大铁锅，将馍放置在用竹片编成的笼屉上，加水用大火蒸熟，出锅后用木质模具的花印蘸取红色食用色素，点在馍面上即可。因为在制作过程中不加碱面，因此枣糕馍表面洁白没有裂纹，口感松软有韧性，清甜可口。如果一时吃不完，还可以用绳子串起来，悬挂于通风处，可几周不坏。因枣糕馍的独特外形酷似一对双胞胎，有吉祥的寓意。因此，枣糕馍在洋县是逢年过节、走亲访友送礼的佳品。

老街上的居民，大多都是长久生活于此的老街坊，老街的兴衰都在他们的心里。坐在老街的木凳上，跟老街坊们聊天，听他们讲关于洋县的过去，也有不一样的感受。

提到洋县的历史，老人们准会跟你讲蔡伦造纸、文同画竹以及古洋洲的旧城池。

蔡伦在总结前人制造丝织品经验的基础上，发明了蔡侯纸，它主要以树皮为原料，经过浸泡、去皮、蒸料等数道工序，最后上墙晾干成纸。这种纸质地粗糙，呈灰褐色，有明显的纤维，没有添加任何的化学原料，非常环保，至今在洋县老城区里依旧有小作坊进行生产。蔡伦墓在距离洋县城东十公里左右的龙亭镇,如今经过修缮和重建,已经成了当地小有名气的旅游景点。

古洋洲地处秦岭南麓,植被茂密,拥有丰富的水资源。其域内的湑水河一路蜿蜒直入汉江。在洋县以北,有一处名为"筼筜谷"的地方,站在筼筜谷中远眺,远处青山如黛,近处溪水潺潺,水波烟岚,风光旖旎。两岸是坡势舒缓的丘陵,谷底有清澈的溪流,四周遍布竹林,"筼筜秀竹"就是洋县著名的十二景之一。宋代画竹大家文同曾在古洋洲任过知州,常常在筼筜谷种竹作画。在他的笔下,筼筜谷和竹林都有着绝美的意境,他在《筼筜谷绝句》中这样写道:"池通一谷波溶溶,竹合两岸烟蒙蒙。寻幽直去境渐野,宛尔不似在尘中。"[①]后来,苏轼为其写下了著名的《文与可画筼筜谷偃竹记》,"胸有成竹"的典故即出于此。如今,生活在此地的居民,对"筼筜谷"这个地名已不再熟悉,他们更习惯于把祖祖辈辈生活的地方叫作"草坝子",这里有无边的农田和茅舍,农人们平日里侍弄蔬果、种花养草。

洋县县城里,还保留着部分过去的老城城墙,见证着这座旧城的曾经岁月。当老人们提起一些过去的时光时,眉宇间都洋溢着一股自豪的神情。

开明寺塔是洋县最具代表性的古建筑物之一,它就伫立在洋县县中心的开明广场上,但凡经过的人都能看到。过去,这座塔是洋县县城里最高的建筑物。如今,面对林立的高楼,它看上去也不过是一座较为普通的砖塔。据说旧时,这里曾建有一座叫"开明寺"的寺庙,古塔即坐落其中。后来,庙宇被拆除,作为纪念,后人仍将这座古塔称为开明寺塔。

---

① 刘清河主编,《汉水文化史》,陕西人民出版社,2013年,第304页。

溯水而上
汉水文化寻访之旅

开明寺塔远景

这座著名的舍利塔,始建于唐代开元中,南宋庆元元年(1195年)曾重修过一次。塔高约27米,一共有13层。远望,这座砖塔呈荸荠状,上尖下方,颇为玲珑小巧。每一层都有佛龛和小塔,佛龛内放置有小型的石雕像。高高翘起的檐尖上,坠着一个小小的铃铛,风吹耳边立刻响起一阵清脆的铃声,极为悦耳。因为年代久远,青色的塔基和红色的塔身上瘢痕累累,塔身上修葺的痕迹还清晰可见,印证了千年来古塔的兴衰历程。

对于洋县本地人来说,还有一件值得庆祝和期待的年度盛事就是社火。每年春节期间,在洋县县城及周边地区都会有社火表演。洋县社火历史悠久,以明清两代最为盛大。这项流行于陕西、山西和甘肃等地的传统民俗活动,如今在汉中地区已经形成了一定的规模。除了洋县,南郑也有风格形式相近的社火活动。

每次的社火活动都要经过长时间的策划,所以一般在年前几周就要开始着手进行各项准备工作。参加社火表演的大多是久居于此的当地人,只有在春节期间,他们才能放下手中的农活,彻底闲下来,沿袭祖辈留下的传统,自发地组织社火表演。

洋县社火可以大略分为"抬社火""地社火"和"骡马社火"三种类型。抬社火,有"悬台""转芯"和"小芯"三种。"小芯"就是"平台社火",装饰非常简单,一般三至四个人组成一抬,游乡走镇,十分方便,也最为普通。"转芯"装有铁制或木制的转轴,一边行走一边旋转,别有一番情趣。[①]"悬台",是指将装扮好的演员,高高地捆绑在钢架上。其中,也包括一些年龄尚小的孩子,有的不过五六岁而已。他们必须在天亮之前起床化装,脸上涂上厚厚的油彩,穿上笨重的戏服,戴上冠帽,扮演各种历史故事中的人物。地

---

① 王杰文编著,《民间社火》,中国社会出版社,2006年,第108页。

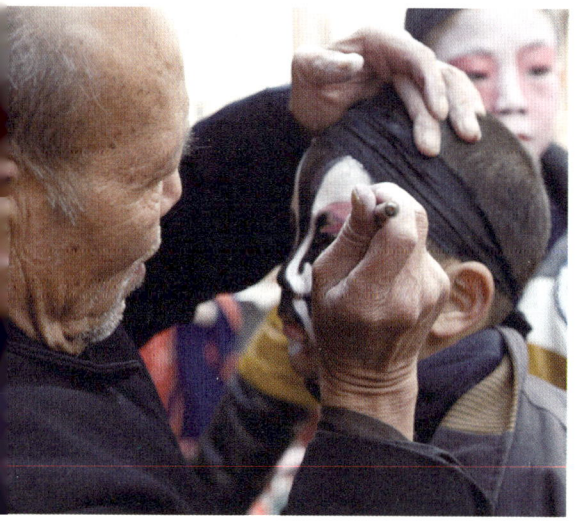

社火表演

社火,当地老百姓称为"耍灯""跑竹马""哑巴戏"。表演风格质朴、粗犷、热烈、火爆,深受当地民众的喜爱。①骡马社火,就是由会骑骡、马、牛的幼童扮演角色,骑在牲畜背上,随着锣鼓乐队,游乡串户的社火表演。一般而言,骡马社火都是一角一畜;当然个别地方也有两名角色共骑一畜的,这种形式难度较大,但是更富有情趣。②

每年的社火表演总是吸引了上万人的围观。县城周边的村民都会赶来观看,人们早早等待在道路的两边,穿着新衣服的孩子骑在父亲的肩膀上,手里举着糖葫芦。老人们坐在街边的茶馆里,抽着旱烟唠着嗑。街道上到处都是人,卖各种玩具和气球的小贩匆忙地穿梭在人群里,小吃店里热气腾腾,人们在忙碌了一年之后,终于有闲暇聚在一起,一边观社火,一边拉家常。

这不仅仅是对洋县本地民俗文化的一种传播,也是宣传整个汉中地区的民间民俗文化活动。在锣鼓喧天的热闹场景中,各种扮相的演员的精彩表演,丰富了人们的节日生活,也达到了祈福和教化的作用,为传统的春节平添了几分欢乐的气氛。

距离赟笃谷不远,就是著名的国家朱鹮保护区。朱鹮是国家一级保护珍稀鸟类,有"东方宝石"的美誉,它曾在国内销声匿迹数年,后来人们在洋县境内发现了它的踪迹。于是,这种世界级的珍稀鸟类,使得洋县在全国声名鹊起,而洋县本地的老百姓对朱鹮也似乎有着深厚的感情。凡是到洋县来的外地游客,一般都会去看朱鹮。朱鹮保护区里设有宣教馆,馆里陈设着各种朱鹮的标本、图片以及影像资料,通过这些,人们可以认识

---

① 王杰文编著,《民间社火》,中国社会出版社,2006年,第109页。
② 同上,第111页。

和了解这种鸟类的生活状态和生活习性。朱鹮外形似白鹭,但比白鹭要稍大些,红色的长足,白色的羽毛,最美的应属它红色的头部与黑色尖长的嘴。它们三五成群,有的游走于空地,有的闲歇于枝顶。

距离朱鹮保护区不远的窑坪乡和刘庄村,是野生朱鹮经常栖息的地方。当地老百姓为了给朱鹮营造一个更好的栖息地,特意栽种了两万多株树木,以保证朱鹮能有更好的生存空间。在这里,几乎没有人不知道朱鹮,随意走进一家,聊起朱鹮,主人都是一脸的骄傲和自豪,他们懂得这些珍稀鸟类生存的特殊意义。

被誉为"东方宝石"的朱鹮

"政府给我们做过思想工作的，我们不得去伤害那些（朱鹮），也不得让别人去伤害……"家住窑坪乡的纪大姐如是说。

听说朱鹮害怕红色，她们便尽量不在院子里晾晒红色衣服和被单，为了避免自家的狗惊扰到朱鹮，每一家都把狗牢牢拴在院里，就连孩子们都知道保护朱鹮的重要性。在窑坪乡，我还听到了这样一件事：有一年朱鹮繁育时节，因暴雨突袭，亲鸟不得已弃巢逃走。巢内剩下了三枚胚胎卵无法正常孵化。保护站接到群众报告，站长带人连夜冒雨赶往巢区，设法从巢里取下了鸟卵，揣在怀里迅速返回保护站。在他们的精心呵护下，其中的两枚卵孵出了朱鹮幼鸟。

在政府及洋县人民的大力保护下，近年来朱鹮种群的数量急剧上升。如今，洋县俨然成了朱鹮的故乡，也为世人打开了一扇了解、欣赏朱鹮的窗口。

如今，行走于汉水之畔，抬头间，就能看见县城里那些高高低低的房屋和建筑。经过了数年的修建，洋县已逐渐脱离了以前的陈旧模样，大量的高层住宅开始在这个小县城里拔地而起，商业街也开始繁荣起来。过去遗留下来的古街巷和旧民居越来越少，在古城区与新城区之间，千年前古洋洲的遗韵还在，只是多了几分现代化的气息。

而我最向往的，依旧还是那个充满了各种幻想和魅力的、真实的古洋洲。

张良庙与紫柏山

在汉中通往留坝的路途中,有一个名叫"马道"的小镇。小镇的街边树了一块醒目的路牌,上面写着几个大字——萧何追韩信处,来过留坝的人,或多或少都会对此留下印象。楚汉相争时,韩信投楚,不被重用,于是投刘邦,但仍不被重用。一气之下愤而出走,萧何知其是个难得的人才,于是连夜将其追回。当时有条溪水,名曰"寒溪",今名"西沟"。刚好那晚下大雨,韩信路途被阻,最终被萧何赶上。于是有了"寒溪夜涨碑"的佳话流传。后来刘邦封韩信为大将军,在垓下之战中,韩信大败项羽,为刘邦成就汉室基业立下了赫赫功劳。

一直以来,留坝县作为汉中的一个重要旅游景点,每年都吸引了无数的游客前来游玩。尤其是盛夏时节,这里正是避暑清凉的好地方,既有风景迷人的紫柏山,又有历史悠久的张良庙,还可以欣赏金水湾洏地的格桑花,体验惊险刺激的河道漂流,简直是一个世外桃源,幽静而惬意。

留坝地处陕西省西南部,背巴蜀而面秦川,地处秦岭山系,太白山腹地,境内山大沟深,人烟稀少。以前由于秦岭山脉阻隔了它与外界的交流和联系,来此地的人并不多,但却有不少脍炙人口的传奇故事,如"萧何月下追韩信""明修栈道暗度陈仓"等。作为汉水上游的交通要道,自古以来,它就是兵家必争之地。著名的褒斜栈道、连云栈道等,都从留坝域内穿过,故有"川陕之通衢,梁洋之门户"之称,也成为沟通关中、中原与蜀藏的主要通道之一。随着316国道（川陕公路）沿连云栈道线路的修筑，留坝对沟通甘肃、陕西、四川及西藏，有着重要作用，是中原、西北通往西南地区的公路交通咽喉要道。

沿着褒河水库边蜿蜒曲折的山路一路向北，经过约两个小时的路程，就到了留坝。留坝四周青山秀美，碧水环流。近年来随着县城不断修建和扩充，街道已较之以前宽阔了许多，小县城里有着陕南地区特有的淳朴气息。因是六月，路边开满了五颜六色的格桑花，在城边的金水湾，有一片绚烂的花海。这些以前很少见到的花儿，如今已落户在了留坝，美丽清新，如同一幅风景画。

张良庙距离留坝县城15公里左右，于是继续驱车沿道路往前，沿着溪流，在留侯镇庙台子村，我们找到了张良庙。在汉中，张良是一个家喻户晓的传奇性人物。他是秦末汉初时著名的谋士，曾与韩信、萧何一起辅佐刘邦建立了宏伟的汉室基业，并称为"汉初三杰"。后张良急流勇退，悟道参禅，隐居于此。

张良，字子房，西汉杰出的军事家。他足智多谋，为刘邦献计献策，留下不少的故事和传说。如项羽大破秦军后，听说刘邦意图在关中称王，大怒之下要发兵攻打刘邦。由于刘邦兵力不及项羽，于是在张良的劝说下决定暂时退出咸阳，回师霸上。并将在咸阳所得一切，均数交还给项羽，以骗取项羽的信任。但项羽的谋士范增察觉出刘邦的野心，于是设下计谋，摆下鸿门宴，意欲在席间除掉刘邦。张良继续献计，并在项伯和樊哙的帮助下，刘邦顺利逃脱。

后来，刘邦称帝，意欲定都洛阳。娄敬建议定都关中，遭到群臣反对，只有张良一人赞同，并向刘邦陈述了建都关中的理由。他认为：洛阳虽有天然险要，但腹地太小，方圆不过数百里，天地贫瘠，且容易四面受敌，非用武治国之都。而关中则是天府之国，东有崤函之险（即崤山与函谷关的合称，今陕西潼关以东至河南新安县），西有陇蜀丛山之隘，土地肥美，南有巴蜀，物产丰富，北有可放牧的草原，北、西、南三面险要均可固守，又可向东方控制诸侯，若诸侯安定，则黄河、渭水可开通漕运，运输粮食，为京师所供。最终刘邦接受了张良的意见，定都关中，为西汉王朝的巩固和发展起到了重要的作用。由此也可看出张良的远见卓识和雄韬伟略。

历史上还曾流传关于张良"拾鞋受益"的故事。相传张良在桥头偶遇一位老人，老人故意将脚上的鞋子遗落在水中，命张良去捡来，并给老人穿上。后来又几次相约在桥头见面，张良恐迟，于是半夜赴约等候。他坚韧和执着的精神感动了老人，老人便将一本《太公兵法》授予张良。张良日夜刻苦研习兵书，后来终于成为大智大谋、文武兼备的谋士，也为后来辅佐刘邦奠定了基础。

留侯镇两边居住着十余户人家，大多经营着饭馆和土特产的生意。张良庙就在其中。牌楼古香古色，檐顶有石狮子一类的瑞兽蹲踞，墙体上还雕刻有精致的传统花纹样式，圆拱形的石门上方，刻有朱红色的大字："汉张留侯祠"。据《续修陕西省通志》载："留侯张子房辟谷处，在留坝紫柏山，有碑。"《汉中府志》中载："紫柏山，留坝厅西北五十里，层峦耸秀，古柏阴森。山顶及山坳均有留侯祠，相传子房辟谷于此。"原来紫柏山顶及山坳都有留侯祠，山顶上的祠人称"老张良庙"，现尚存房舍五间。后因游人攀登困难，才由晚明至清道光三十年（1850年）期间，兴建、扩建山坳的新庙。砖木结构，典型的明清风格，主体殿宇雕梁画栋。①

---

① 刘勇先著，《汉江拾贝》，暨南大学出版社，2012年，第274页。

张良庙正门

现如今，横亘在门前的石碑和石基都已历史久远，在手掌的摩挲下，有沧桑的质感。走过"进履桥"便是"保安观"，院子正中的房屋，建有八角飞檐。琉璃饰顶的"凌霄殿"，虽为后来修建，但依旧显出宏伟壮观之势。张良庙本是道家之地，张良为人处世低调，能够看清时事，懂得舍弃，独善其身，淡泊名利，不受世俗名利的羁绊。因此，张良庙处处透出道家之风，朱色的门柱和窗、高大的门阶、黑色的瓦檐、精美的梁画以及铜炉中冒出的袅袅烟气，都给这隐于深山之中的庙宇增添了许多神秘的气息。

张良庙中存立的各类石碑和匾额记录了它的兴衰历程，主题大多以赞颂张良的历史事迹为主。例如王士禛的《紫柏山下谒留侯祠》：

万木萧萧风昼吹，深山忽见留侯祠。清流白石阅今古，雪柏霜筠无岁时。辟谷真从赤松隐，授书偶作帝王师。也知乌喙逃勾践，未屑鸱夷学子皮。①

---

① 王士禛著，惠栋、金荣注，宫晓卫、孙言诚、周晶、闫昭典点校整理，《渔洋精华录集注》（下册），齐鲁书社，2009年，第1302页。

溯水而上
汉水文化寻访之旅

花园一角

院内还有冯玉祥将军所立的石碑:

> 豪杰今安在,看青山不老,紫柏长存。想那志士名臣,千载空余凭吊处。神仙古来稀,设黄石重逢,赤松再遇。得此洞天福地,一生愿做逍遥游。

绕过大殿,是一个被称为"南花园"的小花园,园内亭台楼阁,绿树成荫,风景颇为秀美,有高大的凌霄花盛开着,与葱郁的古树交杂在一起,直冲天际。循石阶往上,于高处向下俯瞰,被一片绿荫包围着的张良庙尽收眼底,只露出部分黑色的屋顶和瓦檐。远处,青山如黛,六月的留坝,清凉犹如初秋。

南花园

① 陕西省地方志办公室编,《历代咏陕诗词曲集成·近现代部分》(上册),三秦出版社,2007年,第256页。

绕下山来,从张良庙旁边的公路驱车而入,就是紫柏山了。其实环绕在留坝县城四周的山脉,都可以称作"紫柏山"。因山上种植的古树多为紫柏,故名"紫柏山"。其山势雄伟,风景优美,又堪称秦巴千里栈道"第一名山"。此时正逢夏季,是紫柏山最美的时候。之前,我曾来过留坝数次,却都只是远观,未曾近详。此时,车窗外满目青绿,群山青黛如画,蓝天白云,路边溪水叮咚,山清水秀,不由在心里叹道:"好一处别致的胜景。"

嶙峋的怪石

沿着狭窄的木栈道蜿蜒而上,一路慢慢向紫柏山顶进发。台阶一边是高大陡峭的岩壁,上面附着了青绿的苔藓;另一边则是深深的沟壑,有木质的围栏阻隔着,确保游客的安全。仰头,高大的树木浓密繁盛,伸展的枝干从岩壁处探了出来,把炙热的太阳遮得严严实实,只在脚下的台阶面上,留下斑驳的影子。石阶上落了厚厚一层树叶,都已枯黄。走着,背后渐渐有了一些潮湿的感觉。

越往上行,山势越发陡峭。渐渐地,阳光变得不再那么炽烈,似乎被厚厚的云雾遮盖起来。再抬头时,远处的山已经消失了,只剩下浓浓的雾霭,果然是山里的天气,说变就变。须臾之间,雾气弥漫,瞬间已至身前。

紫柏山除了有种类繁多的树木外,还有大量嶙峋的怪石。有的形似动物,有的形似人物,奇形怪状,倒也生出许多乐趣。

在雾气霭霭的山中行走,总会让人心生奇想。或许正是因为张良当年曾辟谷于此，给这山平添了许多仙家味道。雾气愈发地浓密起来，几乎看不清前方的路，伸手拂过，有微凉的感觉。台阶和木栏也变得湿滑了许多，需要小心翼翼地前行，眼前变得白茫茫一片，只见树木的轮廓和影子，隐在苍茫的雾海之中。

约莫又行走了半个小时，浓雾渐渐散去，再看脚下，已身处半空之间，顿时有些心惊胆寒。木栏之外，是深不见底的丛林和沟壑。"之"字形的木栏仍在雾中若隐若现，与旁边陡峭的石壁相映衬，那山顶，就在不远处了。

在一处缓坡休息了片刻，继续上行，背后已被汗水氲湿了一大片。仔细看，发现原本崖壁上生长的高大树木，已变成了低矮的灌木丛。可见我们现在已经在海拔较高的地方了。

紫柏山上的木阶

木台阶的尽头,是一片广阔的平地,这里就是著名的紫柏山草甸,山势在这里变得异常平缓。木栏两侧全是厚厚的、青黄相间的草丛,因其厚重,故称为草甸。茂密的草甸之间,开满了白色和黄色的小花,纷纷攘攘,密密麻麻。

紫柏山有"九十二峰,八十二坦,七十二洞",其中的"坦"指的就是这里的高山草甸,此处的"坦",又称为岩溶漏斗,因其地处紫柏山山顶的最高处,故被称为"天坦"。在厚厚的草甸下面,有无数大大小小的暗洞,因此从表面看,草甸起伏不平,踩在脚下,却犹如地毯般松软。

紫柏山高山草甸

雾霭还未完全散尽,脚下的草甸在雾气中时隐时现,宛如仙境一般。青绿的草甸像无边的海洋,在眼底蔓延开来,与远山相连。空气清新自然,有微凉的风从远处吹来,让人心旷神怡。

刘邦建立大汉基业后,张良见江山已定,便自行请退,于山中隐居。每日修行问道,不再过问国事,传其后来羽化成仙。或许这个结局可视为世人对张良懂得审时度势、淡泊名利的赞扬。清代文人李湘棻曾作诗《谒留侯祠》:

紫柏山高山草甸

> 报韩原不为封侯，辟谷深心此暂留。
> 韬略何从黄石授，功名好托赤松游。
> 春耕汉殿余残瓦，秋草长陵起暮愁。
> 千古英雄谁彻悟？金戈铁马雪盈头。①

张良作为一个有勇有谋的人，懂得如何在逆境中逆流而上，更懂得如何在顺境中急流勇退，不贪图名利，不留恋富贵荣华，淡泊明志，这种品节是值得我们深入思考的。

沿原路返回，已有雨点从空中飘落，再次回望隐没在浓浓雾霭中的紫柏山时，心中竟然生出许多感慨。昔日英雄敢于适时地急流勇退，在乱世中寻得幽静的归隐之所，对于人生的态度，也不失为一种美好的诠释。

本文照片由王向明提供

---

① 杨刚编著，《中国名胜诗词大辞典》，浙江大学出版社，2001年，第1015页。

汉中"古渡口"的回忆

提起"古渡口",除了那些已经上了年岁的老人还有一些模糊的记忆外,大多数的汉中人几乎都已经忘却了,年轻人对"古渡口"这个名词更是感到陌生。

我试图在黑白照片中寻找旧时汉中"古渡口"的影子。荒芜的河岸边,停靠着几艘木质的小船,有身着短衫、船工模样的人,正在匆忙地结着缆绳,招呼即将上船的客人……

据清嘉庆《续修汉南郡志》记载,汉江、嘉陵江在汉中辖内渡口47处。1950年11月,陕南行署对辖内汉江进行水事调查,沿汉江自勉县至西乡统计渡口33处。1992年,汉中市及周边县区的渡口约103处。随着公路配套桥梁建设的快速发展,原有许多知名渡口已被取代。

新中国成立前,汉中虽然有"西北小江南"的美誉,但是沿江两岸却因为一直没有桥梁,使得南北两岸的居民来往不便,影响了日常的生活和商业发展。为此,政府在沿江两岸设置了多处渡口,方便人们渡江。

汉中渡口有"冬桥夏渡"之说,因河流冬、春季节水位低落,搭造简易木桥便于通行;而夏、秋季节江河水位高涨,便桥易为水毁,故以船渡。因此,一般在立冬以前搭桥,翌年清明时节拆除。

清代至民国时期,渡口经营形式分为公渡和义渡。公渡在民国以前称作官渡,即以官署出资为主,集纳地方士绅捐助,购置田、地作为公产出租,以租赁收入支付船夫工资及船、桥维修费用,不收取行人过渡费。如清代《城固县志》记载:"安家、阴平、白崖三渡,水手三名。各工食银壹拾两又伍钱三厘";清《汉中府志》记载"黑龙江(褒河)水手捌名,岁支银壹拾玖两贰钱。大江(汉江)渡水手壹名,岁支银贰两肆钱"[①],皆为官署为官渡支出银两的记载。民国时期官渡改称公渡,辖内许多知名渡口皆为公渡。

至今还有本地人留存着那时候的船票,只是薄薄的一张白纸,上面印着"南郑县下水渡过渡收据"的字样,面额值五分,算是对老渡口最珍贵的纪念。

此外,还有一种义渡,由民间兴办,行人过渡亦不收钱。新中国成立前,大多数渡口所在的村、镇都设有这种"船桥会",即将民间集募的船只、钱财、田地等出租,用租金作为船渡的费用。

新中国成立前,渡口除了设有公渡、义渡外,还有一些由民众自己管理的私人经营的渡口,即所谓的"私渡",收入主要靠行人的过渡费,以及两岸过渡群众所捐助的"河粮",用以维持渡门的开销和经营。

新中国成立初期,汉中辖内的渡口经营管理多数沿用旧制,后来则由所在地的乡村进行管理,田产等被征收,成立了相应的"渡口管理委员会""民船协会"。后逐渐转为地方国营性专业渡口,如南郑下水渡、洋县蒙家渡等,其余多数渡口为集体经济组织兴办。20世纪50年代到70年代末,私人经办渡口者甚少。渡口船检及水事活动由人民政府交通、航管部门主管。80年代以后,渡口多为私人经营。

---

① 严如熤主修,郭鹏校勘,《嘉庆汉中府志校勘》(上),三秦出版社,2012年,第401页。

随着城市飞速建设和经济不断发展,人们对交通的需求也越来越高,渡口已经不能再适应新型的城市发展。1966年5月,汉中市内的第一座汉江大桥竣工通行,大桥长439米,宽6.5米,共26孔,汉中人称之为"一号桥";该桥的建成,结束了汉中的汉江河段上没有江桥的历史。

随后,在1989年,汉中市兴建了新大桥,大桥长630米,宽14米,称为"二号桥"。这两座桥,不仅方便了汉江南北两岸居民的往来,更成了连接汉中城区和通往四川的重要交通枢纽。2004年后,又陆续修建了桥闸工程和龙岗大桥,当地人习惯把它们称之为"三号桥"和"四号桥"。

如今,这四座桥横跨在浩瀚的汉江江面上,不但为两岸的交通搭建了便利的渠道,而且成为汉中市的一道新景观。而随着新建桥梁的不断增多,传统的渡口早已淡出了人们的视线和生活。

昔日的上水渡口,远远能看见新修建的四号大桥

沿江上游行走，我试图寻找已经消失了的古渡口，然而，这里与我小时候的记忆已经相差甚远。

小时候，汉江江面宽阔，水草丰美，江边满是郁郁葱葱的树林和植被，巨大的白色芦苇迎风摇摆。夏天，这里是孩子们的乐园，总有三五成群的孩子在江水里游泳。江水清澈，甚至可以看见四处游弋的小鱼和藻类。风过，鼻息里全是满满的泥土清香。

随着"一江两岸"工程的推进及城市的持续发展，以前的河滩不复存在，取而代之的是新兴的滨江公园。如今的汉江两岸，已经成为市民休闲游乐的场所。昔日热闹熟悉的汉江也在不知不觉中发生了改变。水色不再清澈，甚至变得污浊。采石挖沙船在江心几乎时刻不停地工作着，发出震耳欲聋的声响。曾经平坦的河床已被挖掘得高低不平，满目疮痍。已经很少能够看到人在江里游泳，白色的芦苇丛也消失殆尽。

往上游，一直走。在一片开阔地，朋友告诉我：这就是过去最有名的上水渡渡口。

上水渡，位于汉中市城南南郑石拱桥乡石拱村，是元坝、黄官、新集、高台通汉中的主要渡口。史载明嘉靖以前，这里即设为常年义渡，有桥板、桥架1套，以庙房4间作为船桥会公房，产田、地170亩出租。地租不敷河渡支出时，于夏、秋收获期间讨要河粮济渡。新中国成立后，上水渡交由石拱乡管理，收费养渡。1963年转为专业渡口，有专职管理干部2人，船工11人。1978年后南、北两岸同时售河票。1983年，县政府拨给房屋8间无偿资助。1987年，该渡口有干部1人，船工7人，工人11人，售票员4人。我们从中大致可以窥探出昔日上水渡渡口的热闹和兴盛。

然而如今呈现在我眼前的，只是一片极为普通的江岸。岸边，停靠着

汉中"古渡口"的回忆 | 179

旧式老渡船

两艘船。一艘是用来载物或载人的简易式机动船;另一艘是只能容纳五六人乘坐的小舢板。

有一位姓何的船工,本地人,已经60多岁了。他说新中国成立前,这里就是连接汉江南北两岸的一个重要渡口,繁忙季节,平均每天的来往行人达到上千人次。后来随着几座大桥的修建落成,渡口渐渐荒废了,摆渡的人越来越少。他的这两艘船,现在更多的是用来运载货物,很少载人。

渡口,慢慢地变成了一段过往。

"再过几年,这里就要建成一个湿地公园了。"老何蹲在地上抽着自制的旱烟,他的目光缓缓地游弋在广阔的江面上。

不远处,伫立在江面上的正是刚刚建成的四号大桥——龙岗大桥,它雄伟壮观的身影与夕阳下落日的余晖,相互交映在一起,像一幅宏伟而瑰丽的图画。这座桥的落成,将汉江上游南北两岸连接在了一起,或许从某种意义上来说,它彻底结束了汉江上游渡口的历史。

在汉中市各县区,像上水渡这样的渡口还有很多。据记载,南郑、洋县、城固、西乡、镇巴、佛坪、留坝、略阳等地,都曾有过类似的渡口,有的规模甚至远远超过了上水渡。例如位于城固县南约1公里处的汉江渡,就曾是汉中区县久负盛名的一个重要渡口。明代时称"柳渡",又名"沙舟渡",新中国成立后称"码头村渡口"。当时常备的渡船约5艘,除了渡人,每日还承担渡车的任务,日渡汽车约30辆,后专营汽车渡船。1966年城固汉江大桥在渡口原址建成通车,渡口取消。

先民们"刳木为舟,剡木为楫",先是独木舟在水上漂流,后改为"并木以渡"的木排、木船、竹筏。唐代开始造大型木船,汉江、嘉陵江中上游皆有航行。宋元时期,船运多为战争之需。明清时期,船运经商居多。民国期间,汉江上往返汉中至汉口的船舶,陕西籍的达1300多艘,其中汉中籍的有 300 多艘，载重量大的可达 60 余吨。十八里铺（今汉中市铺镇）以上多行小船，以下则可航行载重 9 吨的木船。民国以前，汉中地区境内河道行驶的船型有：鸭梢船、老鸹船、梭子船、三块瓦船、划子船、鳅子船、驳船以及竹筏、木排等。时至今日，汉江上航行的船只寥寥可数，除了供游客欣赏夜景的游船外，更多的是机械采砂船。昔日繁忙热闹的汉江静寂了许多。

小时候的汉江，尤其在夏季的黄昏，总有脚踩着老鸹船的渔民在江上打鱼，偶尔还能看见他们豢养的鱼鹰，蹲踞在窄窄的船舷上，随时等待主人的号令。在黄昏落日的余晖里，打鱼人与小船的剪影，随着江水缓缓向前移动，仿佛一幅美丽的图画。

汉江里捕鱼的渔夫和老鸹

老鸹船是汉江上一种很独特的小船。"鸹"为古仄，汉中人把载着鸬鹚捕鱼的小船叫老鸹船。它有两个船体，两头尖尖翘起，中间有一根横梁与之连接。船体很狭窄，只够打鱼人一人站立，船舱里用来放置渔网等打鱼用具。由于老鸹船体积狭小，方便操作，也不会受汉江水位高低的影响，因此，在汉江上常常能够看到它们的身影。过去，汉江上常见以捕鱼为生、豢养鱼鹰的渔民。鱼鹰，又名鸬鹚，是一种大型的食鱼游禽，被渔民驯化后用作捕鱼的工具。渔民常常用绳子系住鱼鹰的脖子，待其捉到鱼后，再解下绳子让其吐出，并以此为谋生的手段。

然而，随着时代的进步和发展，现在这种捕鱼方式几乎已经看不到了，加之汉江水质的恶化和城市污染，老鸹船已难觅其踪，鱼鹰更是销声匿迹。它们与渡口文化一样，消失在了我们的视野里。

如今，城市的规划和改造，已经将昔日的渡口完全改变。河道被修建成了规整的坡岸，水泥的台阶一直延伸到河道下方。上水渡方向的河岸还未完全修建好，滩涂被凌乱的石块铺满，青草和树木茂密繁盛。沿岸的居民依旧临河而居，旧时的江岸渡口现今以作牧放之用。有一只巨大的已经被废弃的铁制渡船，斜靠在江岸边，船体和船舷锈迹斑斑，似乎还在述说着那些已经逝去的岁月和故事。

然而，沿岸的居民并未因渡口的消失而改变生活的进程。距离村庄不远处，就是刚刚新建的四号龙岗大桥，这座大桥彻底改变了过去两岸交通不便的状况。对于曾经需要通过坐船到对岸去的老居民们而言，渡口已成了他们记忆里一个部分。

82岁的梁婆婆就居住在上水渡口的白渡村里。每天下午，无论阴晴雨雪，她都要在江边走走看看。她说，那时候南北两岸的居民都是依靠这个渡口往来，如果天气不好，那就只能等，常常会耽误许多时间。

"最早都是小木船,只能坐几个人,有专门的船夫定时在这摆渡。新中国成立以后,就变成了机械的大铁船,载人多了,速度也快。现在,哪儿还有人坐船呦!骑个车子几分钟就到河对岸去喽。"

梁婆婆望着隔江的坡岸,那里同样被水泥的栏杆围砌,高大错落的树丛里,还能依稀看到放牧人的影子。曾经是渡口的地方,已经变成了人们饭后散步休闲的场所。

问及现在村子里可还有当年摆渡的人,她摇了摇头。

上水渡渡口旧址

"过去干这个还能养活一家人呢，现在谁还干这个啊！老的都不在了，年轻人都愿意出去闯世界，早没人了……"

她佝偻的身影，在夕阳的余晖下拉出了长长的剪影，映照在浅浅的河岸上。不远处，还能够看到那艘已被废弃的旧船，同样，渐渐地，在落日的余晖里，变成了一个模糊的剪影。

我能感受到老人此刻的心情，那些年的岁月和时光里，摆渡不仅仅是汉中人出行的一种方式，而是已经成为老一辈汉中人生活的一部分。

在汉江大桥还未建起的时候，汉江南北两岸的人，都是靠渡船来解决基本的交通问题。因此，那时两岸的渡船很多，并设有好几个点。船多为木船，通常只需要一个船工就能摆渡。南边乡镇和山里的人要到城里来赶集卖货，必须坐船。北边城里的人要到南边去走亲戚，也需要坐船。坐船渡江是那个时候最简便的出行方式了，人和货物、牲畜常常挤在一条渡船上。当然，船票也很便宜，只是几分钱而已。偶尔会遇到送亲或接亲到江对面的时候，会刻意地在船上系一根红布带，以示吉庆。船夫的家就在岸边，搭着的一个小小的棚子里，吃饭也很简单，就是一个馒头就着一碗咸菜。有的船夫为了方便揽客，就直接住在船上，只需要在船的一个角落里搭建一个小小的窝棚就够了。天气好的时候，渡船的生意很好；倘若遇到大雨，渡船便会因为江水湍急而停歇，两岸的居民唯一能做的，就是等待雨过天晴，渡船再开。

久而久之，渡口成为两岸人们传播文化、民俗的一个重要载体。在年复一年日复一日的南北往来中，渡口，是连接两岸文化的一个纽带，也成为那些过去岁月中，汉中人对汉水极为深刻的记忆。尽管现在随着时代的进步和社会的发展，渡口已逐渐退出了历史的舞台，但对一个汉中人而言，它却一直存在，并永不会消逝。

汉中"古渡口"的回忆 | 185

老渡口

本文照片由辛强提供

石门栈道和汉魏"十三品"

作为汉中文化品牌之一的石门栈道和汉魏"十三品",一直以来都吸引着各地的游客慕名前来欣赏和游览。

汉中自古便有"西北小江南"之称,它位于秦岭南侧,与号称"八百里秦川"的关中平原南北相隔,由汉中盆地向南,穿过巴山就进入四川盆地。古时,凡经汉中入蜀的各条道路均称为"蜀道",而自古就有"蜀道难,难于上青天"之说,秦巴地区的栈道有金牛道、荔枝道、褒斜道等。

栈道,指沿悬崖峭壁修建的一种道路。早在秦汉之际,就已经有了栈道的出现,为方便交通,常在河谷的凹岸,就地凿石架木,以通来往。褒斜栈道是汉中人的骄傲,但凡有朋自远方来,总会相邀去褒斜栈道转转。

石门位于陕西汉中市北约20公里褒谷南口,是褒斜道上的一处隧道口,南北向,在褒河西岸与河道并行。石门东壁约16.5米,西壁约15米,南口高3.45米,宽4.4米,北口高3.75米,宽4.1米;隧道与栈道在同一水平线上。洞内无斧凿痕迹,据说是用火烧水激的办法开凿而成的。[①]在隧道的两侧崖壁上,凿刻了大量题咏的诗歌和记事的文字。后来在70年代初,由于修建水库的缘故,曾经的古栈道及两壁的摩崖石刻,都被水淹没了,而著名的石门"十三品"则被安全地转移到了汉中博物馆。

---

① 李楷著,《杞芳堂读碑记》,西泠印社出版社,2014年,第43页。

石门栈道和汉魏"十三品"

栈道入口处

汉中的栈道被人所熟知,大概与"明修栈道,暗度陈仓"这一典故有关。公元前206年,刘邦一边先派樊哙、周勃率兵佯装修复已被烧毁的栈道,给敌人以从褒斜道佯攻陇西地区的假象;而另一边,韩信则率大军出勉县转折北上,顺陈仓小道入秦川,渡渭河于陈仓古渡口,倒攻大散关,夺取了关中,为后来刘邦统一天下奠定了基础。

如今，站在褒河大坝的水库上，依旧能够看到山崖下遗留的栈道遗迹——几方石洞与空落落的木架。在崖壁上，还能清晰地看见那些被遗留下来的"石穴"，即栈道插梁、立柱之孔。曹操曾言："褒斜道五百里石穴耳"。东汉末，张鲁曾盘踞汉中，烧毁栈道实行割治，当时曹操所见，不过是残存的栈道孔。现今的褒斜栈道内，也只余留了很少的石穴，大部分都已被水淹没，无法窥得原貌。

诸葛亮曾这样描述栈道："一头入山腹，一头立柱于水中。"这种最基本的栈道，在秦汉时期比较常见。一般都位于山地的交通要道，常在河谷的凹岸，因河水擦岩壁而过，其上笔陡，下临激流，在物力贫乏、难以开山破石的时代，人们遂想出了就地凿石架木的方法，以便往来。这种悬于悬崖峭壁之间的通道，不仅可以通行车马，还可以在上面修建简易房屋。既可以作为军事之用，平时也可以作为商用和民用。据史料记载，秦人修建的入蜀栈道至东汉末时仍在使用，可见其坚固程度。由关中通往汉中的子午道、褒斜道，及大散关的故道、傥骆古道等，均为商旅和军事运输的必经之途，具有重要的地位和作用。

在交通便利的今天，栈道已经成为历史的一部分，隐没在葱郁的山谷间，抑或被水淹没。现如今，人们依照旧栈道凿石架梁的方法，在旧址上又修建了新的栈道，隔着宽阔的水面，能够远望到绵延数里的新栈道。

最爱初秋的栈道，天气晴朗的时候，行进在山谷间的栈道上，抬头便可见深蓝色广袤的天空，空气清新且饱含凉意。远山依旧青绿，只是多了几笔灰蒙蒙的色彩，偶有几抹鲜艳的颜色夹杂在其中——那是初秋早熟的红叶。褒河水库的水是青黛色的，幽深却清澈。脚下，是木板搭建的走道，走得紧了，便发出"咯吱咯吱"的声音。

每隔数米，都修建有一个供游人休憩赏景的亭子，风雅古朴，红色的

石门栈道和汉魏"十三品" | 189

石门栈道

石门水库

廊柱、黑色的瓦檐和顶，高高地耸立在山脊或地势较高的地方。传说中使周幽王为博美人一笑而烽火戏诸侯的美女褒姒，就生长在距此处不远的褒城镇。凭栏仰望，一切美景尽收眼底，历史的种种也随着水中卷起的浪花逐渐远去。

如今行走在新修的褒斜栈道上，能够看到石壁上镌刻了许多有关褒斜栈道的诗词，但这些多是后来所刻，真正古时遗留下来的摩崖石刻，除了石门"十三品"外，大多都已经被褒河水淹没，成为历史的遗迹。而目前看到的最著名的，是镌刻于石门栈道口的那首古诗："石门对石虎，金银万万五；谁能打得开，买到汉中府。"这首古诗源自于一个遥远的传说：

栈道一角

古时候石门里住着一位神仙婆婆,她有一个巨大的宝藏藏在石门之中。每到夜晚,常常能够看到石门中发出的金光,然而至今没有人能进得石门寻觅到宝藏的所在。

传说历经了千年,如今,这个古老的故事被后人以壁画的形式留存在了新建的褒河水库风景区。而褒河水依旧日夜不停地奔流着,给汉中人民带了巨大的经济利益。1974年,褒河水库的修建,形成了东、西两大灌溉干渠,灌区面积覆盖了汉中各区县80%的土地,农业生产用水得到了保障。汉中成为陕西第二大商品粮产区,名副其实的鱼米之乡。或许,对于汉中人民而言,褒河水库才是真正的宝藏,它所产生的经济效益和社会效益,已经远远地超过了传说中的"宝藏"。

远眺石门水库

曾属于栈道的另一宝藏，就是现存于汉中市博物馆的汉魏"十三品"，作为珍贵的历史遗迹，被历朝历代的文人墨客所钟爱。被誉为"国之瑰宝"的石门"十三品"在中国书法史上占有极为重要的地位，是两汉以来，书与刻完美结合的典范，为历代书法家和考古学家所推崇，是研究汉隶的重要依据，因此每年有大量全国各地，甚至海外的书法爱好者慕名前来欣赏和学习。

汉魏"十三品"原凿刻于褒斜石门洞内、西两壁和洞外南北数里的险坡、断崖和大石上，多记载开通、修复褒斜栈道、石门、山河堰工程的情况，或历代文人雅士的游览题记。汉魏"十三品"包括：汉《石门铭》摩崖；汉《鄐君开通褒斜道》摩崖；南宋《晏袤释鄐君开通褒斜道》摩崖；汉《杨淮、杨弼表记》摩崖；汉《故司隶校尉犍为杨君颂》摩崖，简称《石门颂》摩崖；汉《右扶风丞李君通阁道》摩崖；汉《玉盆》摩崖；汉《石门》摩崖；汉《石虎》摩崖；汉《衮雪》摩崖；曹魏《李苞通阁道题名》摩崖；南宋《晏袤释潘宗伯、韩仲元、李苞通阁道题名》摩崖；南宋《山河堰落成记》摩崖。

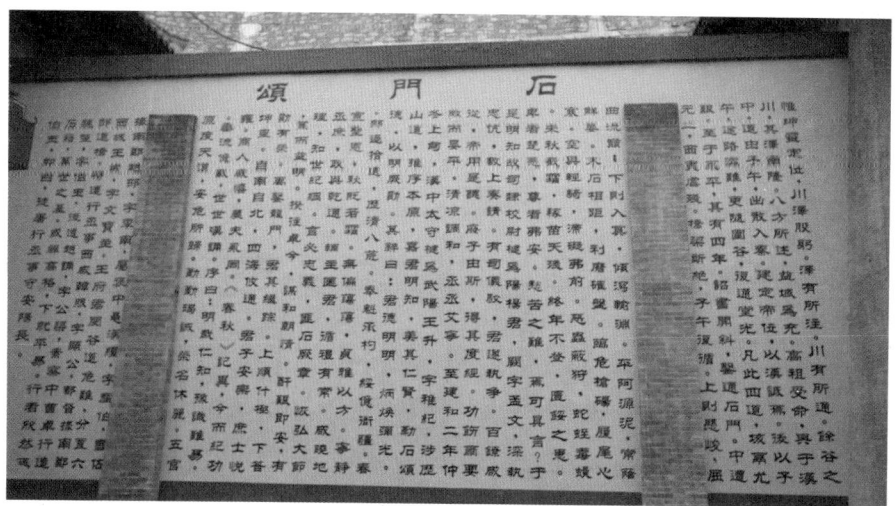

汉中博物馆内

其中，著名的代表作当属《石门颂》了，刻于东汉建和二年（148年），与《郙阁颂》《西狭颂》一起，并称为"汉三颂"。《石门颂》记录了汉中太守王升表彰杨孟文等开凿石门通道的功绩，具有极高的历史文献价值。《石门颂》是隶书的典范之作，它奔放质朴，浑壮飘逸，是千百年来书法家竞相临摹的佳作。清代张祖翼评价说："三百年来，习汉碑者不知凡几，竟无人学《石门颂》者，盖其雄厚奔放之气，胆怯者不敢学，力弱者不能学也。"

另一个代表作则是《山河堰落成记》，此摩崖原在褒河石门南数十步河西侧山崖间，通高226厘米，上沿宽510厘米，下沿宽506厘米，四周鼓出约15厘米的边子，崖面两端内收、中部外鼓呈曲形。文自右向左竖排16行，每行9字，字径约6寸，隶书。全文如下：

> 绍熙五年，山河堰落成，郡太守章森，常平使者范中艺，戎帅王宗廉，以二月丙辰徕劳工徒。堰别为六，凡九百三十五丈，酾渠四百一十丈。木以工计，七十二万四千九百有奇；工以人计，一十五万九千八百有奇。先是四年夏，大水，六堰尽决。秋，使者被旨兼守事，会凡役，慨念民输当四倍于每岁之常，乃官出钱万缗，为民助。查沆、贾嗣祖、晏袤、张柄实董其事。①

此文记述了南宋年间大水冲坏山河堰、官民共修的事情，是南宋隶书第一人晏袤所书，为宋隶的杰出代表作。

---

① 陕西省地方志编纂委员会编，《陕西省志·第十三卷·水利志》，陕西人民出版社，1999年，第737页。

而曹操所书"衮雪"二字，则是"十三品"中的另一件精品。据传曹操曾两次来汉中，"衮雪"二字即是其在第二次来汉时所书，此石刻上两字横刻，其通高67 cm，宽148 cm，字径35—46 cm。据说曹操在褒水前大笔落下"衮雪"二字，旁人不解，问"衮"字为何不加三点水，曹操指旁侧滚滚而过、波涛飞溅的褒河水言："这不是水吗？"其字体笔势雄奇，磅礴有力，彰显了一代枭雄的风采和神韵。后人曾作诗赞："滚滚飞涛雪作窝，势如天上泻银河。浪花并作笔花舞，魏武精神万顷波。"

其实除了汉魏"十三品"，古汉台本身就是汉中标志性的建筑。古汉台，原是刘邦在汉中当汉王时的王府，现为汉中市博物馆，馆内珍藏有历代碑刻、拓片、书画等珍贵文物上万件。经过改建，古汉台台高7米，坐北朝南，分三个台阶，是人工夯土建成的典型秦汉宫廷模式的遗址，后来人们常将这个台视作汉朝基业的象征。宋代之后，古汉台成为汉中府署的后花园。

走进古汉台，整个庭院依旧保持了汉代的建筑风格，青砖的基石是旧时留下的，爬满了青绿的爬山虎。仿古的廊檐虽然经过后期的修建，但是依旧能够看到早期遗留下来的岁月痕迹。高大苍翠的竹林掩映着石砌的台阶小路，曲曲折折。池中的金鱼游得怡然自得，庭院里栽了许多的汉桂树和广玉兰，如果是在春天，这里到处都是白色的、开得耀眼的花儿，草坪上也堆满了厚厚一层玉兰花瓣。鼻息里闻到的，全是馥郁的玉兰花香。几株已有400多年历史的皂角树树荫浓密，虬曲的枝干上刻满了岁月的印痕。抬头，最高的便是望江楼，高高翘起的檐角气势巍峨。望江楼就是南宋时修建的天汉楼，兼具南北建筑之长。石狮子立于门旁两侧，或踞于柱头廊尾。即使是在最不起眼的角落里，也时常能看到其散落的身影。这些石狮子造型具有汉代石刻风格，双眼怒视前方，体态丰满，有威猛之势。由于

古汉台内的古建筑

年代久远,有的柱头石狮已经有斑斑印迹,那几只常年蹲踞在门口的石狮,头顶和背部也已被游人摸得光滑锃亮。

汉魏"十三品"被安置在庭院两侧的展厅里。跨过高高的木质门槛,厚重的玻璃后面,每一块石碑都静默地伫立在那儿,黑色的石面、斑驳的刻痕,以及当初挖凿时留下的参差的茬口……大概每一块碑刻上的每一个细节都凝固着历史的印迹。每天都有来自世界各地的游客,在这些石刻前观摩、欣赏。

溯水而上
汉水文化寻访之旅

博物馆内的石狮造像

石门栈道和汉魏"十三品" | 197

博物馆内的石碑刻

古汉台内的古树

与汉魏"十三品"同时陈列的,还有关于汉中的其他文物,例如汉中宋墓出土的各种文物、历代名人字画、宗教造型艺术及汉中近代革命史迹专题陈列等。它们记录了不同时期,汉中的文化、历史、人文和艺术,具有重要的研究价值。

时至今日,古栈道和汉魏"十三品",已然成为汉水上游文化的一个重要内容。它的存在,让汉文化的底蕴显得愈发厚重,并在历史的长河中,散发出越来越浓郁的艺术魅力。

汉中往事

（一）饮马池的传说

提起"饮马池"这个名字，或许大多数汉中人的脑海里浮现出的只是一个地名，甚至许多年轻人都并未听说过这个地方。而上了年纪的当地人通常会解释给你听："饮马池啊，那是汉高祖刘邦当年饮马的池子。"

俯瞰汉中城，整座城市由南至北几乎都已经被林立的高楼所覆盖，唯独在东南方向，留存下一片黑色屋脊和巷道的老城区。距离汉中博物馆不远的一条巷子，即汉中著名的丁字街——一个记录了汉中过去，曾经有过繁华历史的地方。

新中国成立前的饮马池并非现在所看到的这般平静与安闲，丁字街的南边，曾有一座规模较大的庙宇，庙旁边即现在的饮马池巷，饮马池在巷子的东边。池子北边，是一个很大的广场，有各种杂耍和小吃。那时的汉中并不大，人口也不多，因此，这里就成了很繁华的一条街。尤其是春夏之际，从全国各地来的杂耍艺人云集于此，天津来说相声评书的，河南来耍大刀演杂技的……吸引了不少的观众。当然，也有本地人，支了小摊卖汉中当地的小吃：凉粉、面皮、汤圆醪糟等。还有的拉了黑色幔帐，在里面播放西洋景和小电影的。新中国成立后，市场就被解散了，游艺场被迁

溯水而上
汉水文化寻访之旅

丁字街

往别处,广场从此没落,不再繁华。

丁字街,是一个典型的"丁"字形街巷,沿着巷口往里走,狭窄的道路两边皆是传统的陕南老式木质结构民居。紧邻街面的房子都不大,一间紧挨着一间,有些经过了改建,加了铝合金的门窗,而大多数都还保持着旧时的风貌。屋檐和窗棂都是木质的,黑色的瓦檐下,有衰草的痕迹。偶尔能看到一些莲花样式的廊柱,跟破旧的木门一样失了颜色。老式的招牌,老式的门面,颇有20世纪70年代的感觉。

丁字街上的老店铺

也许是紧邻古汉台的缘故,这里似乎比别处多了几分古朴。中午,到处是坐在门边喝茶晒太阳的老人,生活的节奏在这里也缓慢了许多。

住在丁字街口的王阿婆,今年已经90多岁了。她家经营的是修理缝纫机的店铺,房子很老,几十年前的木牌匾还挂在门上,屋里光线有些昏暗,依稀能看到里面零散的摆着几部老式的缝纫机,现在很少有人再使用这种老式机子,因此生意也很清淡。像王阿婆这样守着老宅子的老人很多,她们在日复一日的平淡生活中,慢慢衰老。与我谈起饮马池,阿婆叹息道:"我从小就在那池子边玩耍,新中国成立前它就在那,一直都在。据说那是当年汉高祖刘邦饮过马的地方,从我父亲那辈起我们就住在这,守了几十年了。可惜现在说要拆掉……"

走到丁字街的尽头向左拐,穿过另一条狭长的小巷,就看到了传说中的饮马池。这只是个偌大的水塘,被青砖围了起来。很多砖石已经有了年代,残破不堪。几个钓鱼的人零零散散地蹲在塘边,守着那一池看着并不清澈的塘水。

这一圈残破的青砖围墙,据说是清道光年间修建的,在池子的一侧还

王阿婆家的老缝纫机店

饮马池边常常聚集一些钓鱼的人

留存着一座石碑刻，上面镌刻有"有龙则灵，光绪辛癸年，蜀西武阳周淦题"的字样。石碑残破得几乎看不清原来的颜色。碑文被孩子们用粉笔歪歪扭扭地涂了色，覆满青苔的砖石面上长满了衰草，这里似乎已经被遗忘了很久。饮马池小学就坐落在池子的西边，不远处校园里传来的琅琅读书声清晰入耳。

在清初《汉中府志》中，曾记载了汉中八景之一的"东塔西影"，指的是东塔塔影映入湖中的景色。还曾留有"汉阳萧寺塔，飞影入东湖"（东湖，即饮马池）的名句，只是后来随着附近高层建筑的增多，这一胜景也只能成为想象了。

新中国成立前，池子的东南方向是一圈城墙，还有一座高高的城楼。

池边遗留下来的古老石碑刻

那时，从东门桥绕着城墙根就可以直接进入饮马池。池边一带曾经是一个旧货市场，每天都有大批的商贩聚集于此，还有一些杂耍艺人在此卖艺为生，颇为热闹。抗战时期，有大批难民逃亡至此，无家可归，于是沿着墙边搭了简易的窝棚，栖居在这里，当时名为"南市场"，也曾热闹一时，随后逐渐衰败。

新中国成立后，饮马池恢复了原先的模样，城墙却被拆除了，周围种上了许多水杉树。据当地的老人回忆，50年代还曾发起过一场"积肥运动"，将池子里的水抽干后，把淤泥当作肥料运到农田里。折腾了数次，池子里

现在的饮马池

的水又慢慢积存起来，形成了今天这个样子。如今时常有人在这里钓鱼，池子的水很深，有两三米。

"以前常常有人在这里淹死呢。"钓鱼的大叔说，"后来，政府在这里立了保护的石碑，饮马池就成了一个旅游景点，但来的游客很少，它倒成了我们经常来钓鱼、休闲的地方了。"

行走在饮马池旁边的小巷里，能感受到汉中人浓厚的生活气息。这里居住的大多是老居民，房子都是旧时候的老房子，有的虽然换了新的门窗，但墙还是旧的，涂着厚厚的一层白石灰。预制板搭建的屋顶后，干枯的老树倔强地伸出枝丫，爬山虎爬满了屋顶的每一个罅隙。屋檐下的簸箕里，晒着满满的萝卜干和白菜。旧脸盆里栽种的菊花开得正盛，煤球炉子里燃的烟，溢满了整个巷道。老人们坐在阳光下，纳着鞋底聊着家常，狗儿们自由地四处撒欢，一片安逸与祥和。

抬头望去，不远处就是林立的高楼，喧嚣

饮马池边的汉中老民居建筑

的马路也近在咫尺。50米开外，是新建的饮马池小吃城，热闹繁华。唯有这里是静寂和沉默的，像是两个不同的世界。或许谁也没有想到，在这样的一个角落里，竟悄然隐没着一段段已经快要被遗忘的历史。

随着时间的推移，饮马池或许会渐渐淡出人们的记忆，而作为一个老汉中人，不会忘记饮马池曾经的兴衰，毕竟它伴随着几代人的脚步，走过时间的长河。有关的传说，还在流传，经久不息。

汉中饮马池

(二)即将消失的东关正街

如果把城市比作一个人,那么街道就像身体里纵横交错的血管;交织隐藏在城市角落里的老街和巷道,就像主动脉四周密集的毛细血管一样连接着每一条街道,街道又连接着城市的每一个组织,构成了一个精密的整体。

每一座城市都有一些古老的故事,老街就承载这些历史遗留下来的故事。汉中也同样有着许多老街,最典型的当属东关正街。当我无数遍走在这条象征着汉中过去的老街时,小时候的记忆也被一点一点地唤醒。

小时候的汉中街道两旁大多都是低矮的平房,最高的建筑也不过是三层小楼。而随着时代的进步和越来越多高层建筑的出现,低矮的平房和小

东关正街

院都逐渐被高楼大厦所占据，现在只余留下为数不多的小街巷和小院落，而它们大多集中在城市的东边。如果从高处俯瞰，在鳞次栉比的高楼间，有一片密密麻麻黑色瓦房的地方，就是东关正街。

东关正街位于汉中老城东门外，至今仍保留着大量古建筑和古民居。自清代中叶起，汉中就凭借汉水便利的交通条件，使得水运业逐渐发展壮大。那时的东关正街虽然只是一条狭窄的街道，但已经是集商业、手工业加工和民居为主的主要街区。一直到20世纪50年代，东关正街依旧是陕南地区一条繁华的街区，所有的商业贸易基本上都能在这里找到，影响力极大。后来，随着公路交通的发展和新城区的规划建设，整个汉中的商业中心西移，东关正街也随之衰败，退出了历史舞台，甚至成了汉中的"贫民街区"。

纵观整条东关正街，西起东门桥，从东大街尽头一直延伸过来，直至小关子，全长大约2公里。而街道两边的民居，里面居住的大多是一些退休的老居民。遗留下来的房屋建筑具有清末民初的建筑风格特点。

这条老街主要是以马车等畜力交通工具和步行为主，因而，用石板铺就的小路并不宽阔，大部用水泥作了填充和修补，两边是具有陕南特征的砖木结构建筑。沿街的一楼住户，大多将房屋改成了门面房，经营着简单的生意。七八十年代最流行的铺面，在这里都能找得到。抬头，旧时的木质牌匾都还在，白色的漆底面，上面用黑色油漆工整地书写了"××缝纫店"或"××理发店"的字样。漆已经掉了不少，但字迹还是清晰的。

早上9点多后，老街的居民们就陆陆续续起床了，搬开沉重的木板门，把冒着烟的铁皮炉子提到街面上去，袅袅的烟就一直从街头飘到街尾。他们会随意地蹲在路边洗脸刷牙，大声地打招呼，互相寒暄，这是老街居民们最常见的生活方式。

烧饼铺子

  早晨，沿着老街往里走，街边都是摆摊卖菜的小贩。塑料纸往地上一铺，就势摆满新鲜的黄瓜、西红柿和小青菜，还带着水滴和新鲜的泥土。肉铺都是独立的，支着塑料的棚子，大块红白相间的鲜肉，就一排排整齐地挂在檐下那钉得结结实实的木桩上，引得狗儿摇着尾巴徘徊在周围不肯离去。这条街上经营生意的一般都是本地人，很少有外地人。因此，满街听到的都是纯正的汉中本地话，形成了一个特殊的生活圈，生活在这个圈子里的，基本都是土生土长的汉中人。从祖辈开始，他们就把家安在了这里，因此邻里之间，显得格外亲近。

  老街沿街几乎都是商铺，夹杂在商铺之间，是长长的过道。过道很窄，往往只能容一人通过，这是陕南民居的特色。商铺后面，是居民居住的地方。走过狭窄黑暗的过道，是砖房围成的一个小小四合院。有的青砖照壁，壁面已经老化，被时间磨蚀得看不清原有的模样。

溯水而上
210 | 汉水文化寻访之旅

东关正街古民居建筑

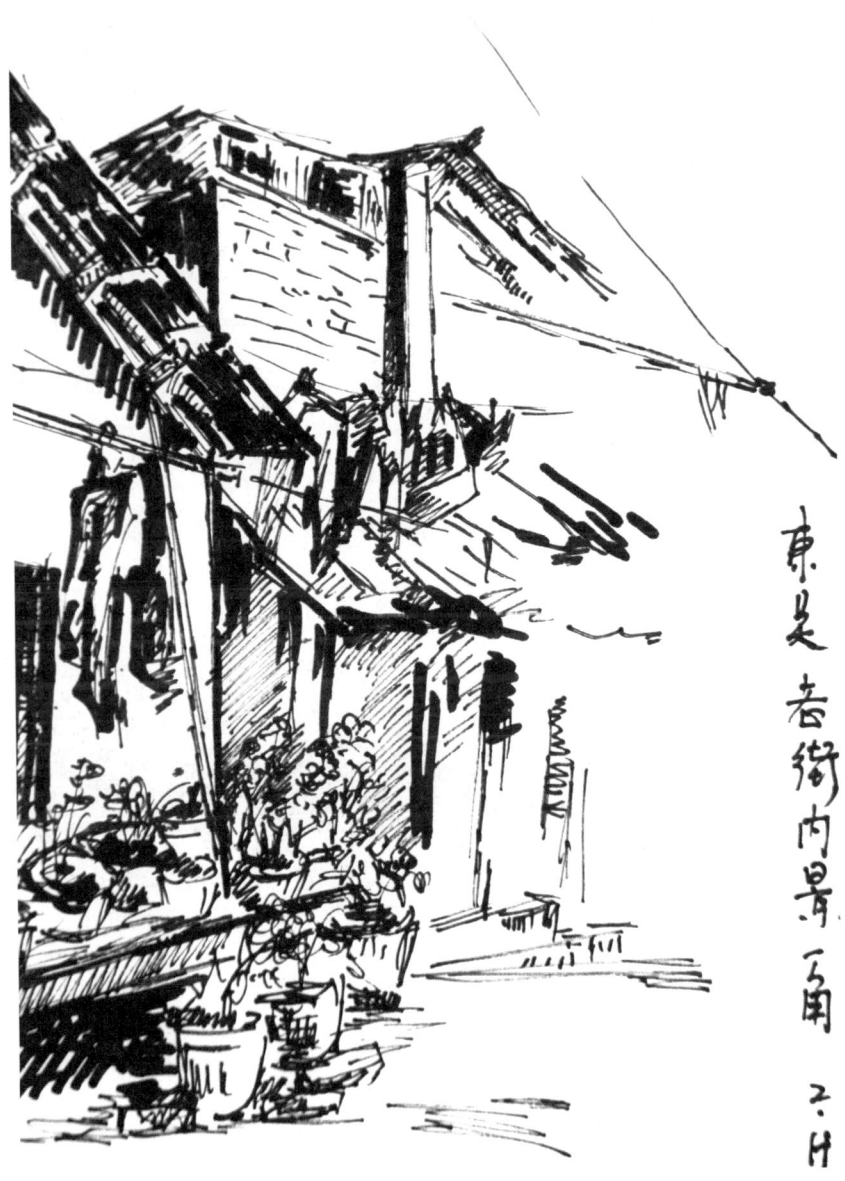

东关正街古民居建筑

陕南大多数民居院落都是砖木结构，由于年久失修，许多房屋都开始老化，为了防护，便在屋檐下搭起木柱，起到支撑的作用。有的四合院是长方形的，两边排列着房屋，中间稍微宽敞的空间被当作走道和放置杂物的地方。沿进深方向布置的两侧的厢房，由横向过厅、正房分割成多进院落，屋顶相连，围合成院落天井和二层平面回廊，高高的屋檐刚好把天空围一个圈，抬头能看见一方窄窄的天空。下雨的时候，雨水会沿着倾斜的屋檐汇集到院子里，再由院子四角的排水口排出。略微宽敞的四方形院子里，则在院子的正中间用砖和水泥砌一个简易的水池，所有住户的洗漱用水都在这里。厕所也是公用的，设在院子的某一个角落里。没有人在家里做饭，厨房就是在自家门口搭起一个木桌，摆上煤气灶或电磁炉及锅碗瓢盆。而大多数老年人并不习惯用煤气，还是喜欢用煤炉子。因此，每天清早依旧能看见挨家挨户门口冒着浓烟的场景。

褪色的木门窗上还保留着精美的花饰和图案

黑色的屋檐上杂草丛生，爬山虎从院落墙角的东边一直蔓延到西边，杂乱的电线在头顶上穿插纵横，灰红色的砖墙上落满了灰尘。一切都是旧的，木质的门窗已经斑驳，漆面完全脱落。讲究一些的人家门窗上多镂刻蝙蝠、寿桃、仙鹤等图案，蝙蝠在中国传统文化中有"福"之意，寿桃和仙鹤则代表了长寿、吉祥等寓意。有的屋檐下还存有精美的木质廊柱，大多有莲花样式的雕刻，不乏精美的细节。

　　沿着老朽的楼梯向上，二楼是一层低矮的小阁楼，以前多为居室。但由于结构紧凑，房屋面积狭窄，屋顶与地面的间距过小且光线不足，现在已经很少有人居住，大多被改装成了储物室，用来堆积不用的杂物。

狭窄的过道

　　80年代以后，部分砖木结构的房屋被改成了砖混结构，外墙也进行了修葺，但大部分房屋依旧保持了原貌，没有什么大的改变。住户也依旧是老住户，只不过多了一些外来务工的人员，夹居在其中。

　　老街的人们生活很简单，每天日出而作，日落而息。居住在此的大部分都是老年人，居住在老街的陈师傅，每天的工作就是守着自己那间不大的修理铺,"叮叮当当"地忙着给各式的铝锅补底。这是老辈人传下来的手艺,以前在汉中很流行,现今已经不常见了。

陈师傅的房子和手艺都是父亲传下来的,他成年以后,就靠这个手艺生活度日,拉扯了一大家子人。五个孩子,三个女儿两个儿子,都在汉中生活,会在周末和闲暇的时候回来看看。孙子孙女们也都上了大学,各自成家立业,最大的重孙子,也都快上小学了。老伴在前几年病逝了,只留下他和这间小铺子,还有一只老猫,每天陪着他。

孩子们在城区都买了新房,想接他去住,他却舍不得这住了将近一辈子的老房子,还有这一屋子的家什。

"不值啥钱,可这是陪了我一辈子的窝,金窝银窝都不如自己的狗窝。"陈师傅说着,下意识地瞄了一眼屋里的墙上。

屋里光线不好,即使是大太阳,里面也略显得昏暗。

我注意到墙上挂着两个不大的玻璃框,样式是70年代很流行的那种相片框,红色的漆脱落得只剩下一点。里面夹着大大小小黑白和彩色的照片30多张。王师傅说,

陈师傅回忆,他住在这里已经快半个世纪了

那都是以前留下的，关于家里人的记忆。许是很久没擦拭的缘故，玻璃已经蒙了些灰尘。除了人，里面还有一些照片是关于老屋和老街的。

那时候，屋顶的瓦都还是乌黑的，每年春天会有燕子来筑巢。夏天天气炎热，大家会把饭桌摆到院子里，窗户下瓦盆里的吊兰开得繁密茂盛。没通自来水的时候，每逢下雨，挨家挨户都会在屋檐下放一个铝盆或钢精锅用来接水。水沉淀后，可以用来做饭洗衣。

在老人们的记忆里，那时候的天比现在蓝，水比现在清，人也比现在少。房子和老街似乎没有什么变化，然而时代和环境改变了，于是老居民们难免生出些物是人非的感慨来。"唉，还是原来好啊！"陈师傅叹口气，继续忙着手里的活路，那只年迈的老猫依旧忠实地守在他脚下，一步不肯离开。没有儿女愿意沿袭他的手艺，也没有徒弟，最让陈师傅感到遗憾的是，家传了几代人的补锅技艺，怕是在他这儿要失传了。

距离陈师傅家不远，是白老汉的烧饼铺。他在这条街上经营，也有快四十年的光景了。汉中烧饼俗称"壳壳馍"，是一种很受本地人喜欢的面点小吃，面团经过揉搓和擀制，表面涂上清油，再混合一层芝麻或花生仁，在特制的大铁锅里上下翻烤，因为上下均有炭火烘烤，因此出锅时两面焦黄，清香四溢。汉中人习惯用炭烘烤，这样可以使得烧饼不致焦煳，且受热均匀。

在东关老街里，经营烧饼生意的有好多家，但白老汉家的生意最好。用他的话来说，这是传承了几辈人的老手艺，除了用料讲究外，对火候的把握也格外重要。白老汉的烧饼铺布置得极为讲究，四壁用白纸糊了，宽大的面板上堆积着揉好的面团，用白布单蒙着。老式的木桌上，摆着一个硕大的簸箕，烤制好的烧饼都被整整齐齐地码在簸箕里，同样也用干净的白布蒙着。

老白家的烧饼锅据说是祖上传下来的，铁质的锅身依旧结实，乌黑铮亮。炭盆被一个专门的支架支着，提拉上锅的木把看上去很有些年月了，手握的地方已经被磨得发光。

白老汉的房子也是家里传下的，他把沿街的铺面做了烧饼铺，自己和家人则居住在后面院落的厢房里。儿女们也都大了，逐渐搬出了小院，如今只剩下他和老伴，每天经营着这卖烧饼的生意。白老汉的老伴也年逾六十，不善言语，每天负责揉制面团，白老汉则负责烘烤，日子过得平淡，却也安逸。

老街的另一大特色就是茶馆。

明清以来，汉水流域的大小城镇都开设有茶馆，汉中也不例外。旧时，一般茶馆都设有一排排茶位，茶馆伙计被称为"茶博士"，负责为客人添

老街上的老茶馆

茶送水。明清时期，茶馆除了供客人喝茶、聊天外，还设有说书、唱曲等娱乐项目，有的茶馆甚至设置了鸦片烟具，供茶客自备自用。

东关里的茶馆一般是沿街的商铺，基本都很简陋，有的是一间独立的门面房，有的将两间打通，中间留一道可以出入的小门。由于房间低矮，内部略微狭窄，因此光线不足。屋顶吊着一盏半明半暗的灯泡，散发着微弱的光。

四面墙壁已经灰黄，屋顶是老式的木柱和顶梁，落满灰尘。地板还是旧时铺设的老旧的砖石地面，有的地方已经松动，露出里面浅浅的灰色土层。

桌椅是过去留下的老木桌木椅，表面凝了一层黑色的污垢，脏得几乎辨不清原有的颜色。喝茶的杯子一律都是老式的搪瓷缸，杯盖都被磕碰得掉了瓷面，露出深色的茬口，它们被整整齐齐地码在柜子里。挨着门口放着一个大铁皮炉子，煤火在里面烧得正旺，黑色的大铁壶"呼哧呼哧"地冒着白色的热气，整个茶馆看上去烟雾腾腾。

去茶馆喝茶的几乎都是老街的老住户们，那些上了年纪退休

茶馆一角

溯水而上
汉水文化寻访之旅

树荫下闲聚打牌的老街坊们

在家的老人们，每天大部分的时间都耗在茶馆里。在这里，喝茶是次要的，聊天打牌才是主要的活动。抽一卷自制的老烟卷，悠闲地跷着二郎腿，聊着老街的新闻和旧事。无论天气好坏，都不影响喝茶人的心情，老街坊们坐在一起，一天的时间也就这么消磨过去了。但随着街巷的改建与城市的发展，东关老街的茶馆数量在逐渐减少，现存的也不过就一两家而已。在不久的将来，茶馆文化也许最终会成为历史，被保存在人们的记忆中了。

老街上的居民也有一些外来务工人员。因为这里的房子价格便宜，所以许多外地来的农民工都选择在这里暂时居住。

从佛坪山区来汉中打工的小刘夫妇，在老街已经租住了快两年的时间，不足20平方米的小屋只是摆放了一张桌子和一张小床，还有一些简单的生活用品。孩子留在老家由年迈的父母照看，夫妻俩每天早出晚归。他们最大的心愿，就是将来有一天能够在汉中买一套属于自己的房子，把孩子从老家接出来，在城里读书，将来上大学。

如今，老街外的街道在不断扩宽，新城区几乎每天都在发生着新的变化，越来越多的高楼在四周林立，更多的商业区也在不断新建，这些改变多多少少地影响着老街。

街道狭窄、房屋老旧、设施简陋、环境脏乱，使得昔日作为商业中心的老街，如今已完全没落。随着城市建设的发展，老街的部分房屋已经拆除，梁州路的拓宽，把东关老街拦腰截断，数百平方米的房屋被夷为平地。在施工现场，总有一些人徘徊在周围，那是曾经居住在这里的居民。老何就是其中之一，他每天都要到这里来转一圈，看看自己家那块被夷平的空地。

"其实也没什么好看的，就是想来转转，留个念想。"老何在说这话的时候，眼睛始终没有离开过那片已经被挖掘机清理得干干净净的空地。再过几个月，这里将成为连通城区与滨江路的主要街道，将会有更多的新建筑和商业区在这里崛地而起。

或许某一天，老街将会从我们的视线里消失，后世的人们也只能从老照片里追忆昔日老街的繁华和兴盛。但不管怎样，它是保存在老一辈汉中人心里不灭的印迹。它不仅仅代表了汉中的文化，还承载着老汉中的一段历史，是我们心里最珍贵的记忆之一。

我之所以对老街有如此深厚的感情，不仅仅是因为从小住在这里的原因，更重要的是，老街保留了汉中最原始的生活气息，那些深藏于其间的市井文化和民风民俗，以及世世代代生活在这里的人们对逝去岁月的怀念。这些，都是我们曾经拥有而不会再重现的生活和历史，弥足珍贵。如果某一天，老街不复存在了，那么曾经承载了几代人的生活记忆也会逐渐随之消失和淡化，后辈们只能通过图片和影像去还原祖辈们生活的印迹。或许一个城市最宝贵的，便是对古老文化的传承和发展。

不忘初心，是我作此文最根本的目的。

宁强老县城的记忆

宁强这座小县城于我而言,有着极其特殊的意义,因为我出生在这里,对这里有着更为深厚的感情。

宁强位于陕西省的西南隅,北依秦岭,南枕巴山,与四川毗邻。自古宁强就是秦蜀之间的重要通道,唐代时就已设立有金牛镇、青乌镇等。旧时称为"宁羌",商周时期属氐羌所在地,其域内多有羌族人居住。据《宁

俯瞰宁强新县城

强县志》载，羌氏在宁强地区已有千百年的历史。由于宁强特殊的地理位置，因此这里也是一个少数民族聚集地，除羌族外，还有回族、满族、壮族、白族等，约11个少数民族。

旧时候，常常能够见到包了黑白色头帕、穿了长衫短衣羌族服饰的羌人行走在街头，如今倒是不多见了。现在的羌族，只有少数还生活在宁强茅坪沟等山区和甘肃部分地区、陕南、广元仓旺等地，而大部分羌族现在生活在四川阿坝藏族羌族自治州、甘肃南部及云南部分地区。

在山顶新建的羌族博物馆里，能看到羌族人的生活用具，遗留下来的一些祭祀用品，以及婚丧嫁娶、祭祀等风俗的文字和图片介绍。馆里陈列的那些大大小小、造型奇特甚至有些狰狞的面具，吸引了我的注意。这是羌族文化中特有的一种巫师在祭祀活动时所佩戴的面具。羌族宗教以万物有灵、自然崇拜原始宗教信仰为特点。万物有灵观念由羌族人世代生存的自然环境和生产方式决定，羌人世代身处偏远、恶劣的生存地域，人自身力量尤显渺小，不得对自然心生的敬畏之心，由此产生自然崇拜、动植物崇拜、图腾崇拜、祖先崇拜、神灵崇拜等。[①]

作为连接神与人之间的媒介，"端公"起了极为重要的作用。端公即羌族的巫师，他们是沟通人、神、鬼之间联系的中介者，师徒相传。他们熟悉历史和神话故事，会背诵经文咒语，并具备一定的天文地理、生产生活和医药卫生知识，通晓法术和巫术，甚至在羌族中起着承担社会教育的作用。现在，在一些特别的节日里，能够看到身着长衫、头戴高冠、面戴神异面具的端公，表演上刀山、下火海的节目。我母亲小时候就见过端公，

---

① 程玲俐、张善云等编著，《羌族医药文化的保护与传承》，西南交通大学出版社，2014年，第10页。

她说，端公是具有"无上神力"的人，可以帮人治病并通鬼神，还能预知灾难福祸。巫师并非只限于男性，若是女性，当地人则称她们为"神婆"。

端公戏是一种流传于汉中地区的地方小戏，源于古代的祭祀仪式。在远古时期，祭祀仪式常常会以舞蹈的形式出现，这种独特的舞蹈仪式被称为傩舞，后来逐渐演化为傩戏，并分为不同的种类，端公戏就为其中之一。端公戏一般分为上坛和下坛：上坛主要是祭奠死者、超度亡灵；下坛主要是驱鬼辟邪、祈祥纳福，主要内容包括迎神、敬神、安神和送神四个部分。同时配有说唱和乐器伴奏。一般表演的人数为八人，端公是主要的表演人员，其唱腔朴实柔和，表现形式活泼洒脱，唱词幽默风趣，艺术风格独特，具有浓郁的陕南汉中地方特色。

在我的记忆里，宁强只是一个有着一条小街的小县城，那时的玉带河宽阔壮美，河边布满了硌脚的石子，成片的柳林和高大的芦苇迎风摇曳。河水清澈见底，因它是汉江的源头，水质极佳。沿岸居民的生活用水基本都来自于玉带河。夏天，这里是孩子们的乐园，可以游泳、摸螃蟹、戏水、乘凉……

至今，我还记得那些关于玉带河的美丽故事。传说古时候有一年大旱，颗粒无收，老百姓怨声载道。于是王母娘娘取下腰间的玉带，抛到这里，形成了一条河流，称玉带河。玉带河往上，距离县城十几公里，就是汉水之源，史书中记载的关于汉江源头的地方。

宁强县城依山而建，说其是山，其实只是类似陕北塬的土坡，当年老县城大部分的房子都建在玉带河边，还有一些建在海拔不高的土坡上。因此，县城最主要的街道，也就是这条被称为"半边街"、俗称"老斗市"的小街。街道很窄，不过两米有余，依河而建。房屋是木质的老房子，黑色的瓦檐，结构和样式都遵循了陕南房屋的基本形式，一般上下两层，

宁强新县城

上层狭窄低矮，多用于放置杂物，下层为商住两用，街面朝向的都被当作了商铺，用作买卖经营。半边街是县城最主要的一条商业街，每天的商业贸易都汇集于此，山里的山民们常在集日里背着背篓，赶几十里山路来此采购生活物品或销售山货。车水马龙，熙熙攘攘，热闹非凡。围绕着县城四边，原有四座城楼，据说是明代洪武年间修建的，如今只余留了西边的一座。

玉带河

据《宁强县志》记载，光绪五年（1879 年）宁强修建了北关大桥，将玉带河两岸相连接。随后，在玉带河的两岸，又兴建了河街、半边街、上关街等街道，商业逐渐兴盛。1945 年，又修建了玉带河五孔桥，将老城与川陕公路相连接，商业中心逐渐扩展到县城的南边。后经过不断扩建和发展，玉带河的两岸又新建了市场路、新市街等，并发展至今，形成了颇具规模的商业圈。

永惠桥

　　如今，宁强县城经过一系列改建，已经几乎找不到以前老县城的影子。玉带河的两侧修建了高高的水泥筑台和新的护栏，沿河两岸，种满了绿树并添置了许多健身器材。由于新建的蓄水工程，玉带河能一年四季保持清波荡漾。如今，这里已经成了人们茶余饭后、休闲娱乐的一个重要去处。

　　昔日低矮的旧式房屋已经基本拆除，街道被拓宽，半边街依旧热闹，却与记忆中有所不同。小时候常常去看电影的小电影院，如今也不复存在，在人民广场上修建起了更大的影剧院。环绕县城的土塬上，老式的房屋因为年久失修，大多也已经被拆除，更多新的房屋拔地而起，舍弃了传统的木质墙体和门窗，采用了新型的铝合金材料，现代化气息十足。

沿街还可以看到很多出售奇石的店铺，近几年，奇石收藏热渐渐在宁强兴起。巴山地区盛产石头，有些质地温润、纹样造型奇特的石头，经过打磨加工后，就变成了一件工艺品，甚至是价值不菲的艺术品。

2008年汶川地震，宁强是受灾较为严重的地区，由天津市援建的天津高级中学，白墙红瓦，高大气派，算得上是县城里最漂亮的建筑物之一。远远望去，玉带河边，有几栋高层建筑正在修建之中，显得尤为引人注目，都市化的进程已经开始在这个小小的县城拉开序幕。

夜幕降临，灯火将小城装扮得五彩斑斓，远山隐没在低沉的暮色中，只留下浅浅的轮廓和影子。有清凉的风从远处的峡谷吹来，裹挟着许多清新的气息。

我记忆中的童年生活，慢慢在脑海中浮现出来。

那时候的房子大多是砖木结构的小平房，很少有楼房。即便是楼房，高也不过三层。没有公园，最好的玩耍地就是玉带河，夏天除了游泳戏水，傍晚时分，还可以去石头下摸螃蟹捉虾米，或者只是把腿泡在水里，也是件很惬意的事情。

文化馆有许多石狮子，有的已经残破了，但丝毫不影响孩子们攀爬的乐趣，我曾不止一次地从上面摔下来，然后又一次一次再爬上去。电影院在那时候算是很高档的场所了，虽然场地并不大，每次只能容纳百十人，却是县城里不多的休闲娱乐场所之一。每天的电影一般都有固定的场次，电影的名字和时间，被整整齐齐地写在一块小黑板上，悬在售票处的门口。

县城很小，街道也并不宽阔，往往一条街从头走到尾，也不过短短几十分钟。县城里的人们几乎都彼此相熟，因此，一个新消息常常在很短的时间内就能传遍整个县城。挨家串户地吃大锅饭是常有的事。

最难忘的是宁强的小吃,因为宁强县毗邻四川,所以这里的小吃与四川小吃有些相像,但又经过了一系列改良,更符合当地人的饮食口味和习惯,形成了独具特色的地方小吃。

宁强的麻辣鸡久负盛名。山里散养的土鸡,宰杀后用清汤煮熟,再加上特制的调料凉拌,鸡肉细腻可口,麻辣鲜香。宁强县城里王家做的麻辣鸡非常有名,同时,王家的核桃馍也声名在外。核桃馍是宁强的另一大名小吃,历史悠久。宁强盛产核桃,因此,这里的人们将碾碎的核桃与面一起制成精巧的烧饼,酥脆可口,香而不腻。

而我最爱的是一种叫作"根面饺"的小吃。它与传统的饺子类似,不同的是,饺皮是由一种当地山上出产的蕨根类植物磨制而成,黏滑细腻;

麻辣鸡

核桃馍

馅料由豆腐、小葱、豆芽调和，包好后上笼蒸，只需几分钟就熟了，配上特制的麻辣香油碗，实在是难得的美味。

过去的小吃并不在专门的店铺销售，每到夜晚，会有卖家挑着马灯，挎着竹篮，走街串巷叫卖。小酒馆里的人们常常会买几块麻辣鸡作为下酒菜，哪怕只是几个鸡爪、几根鸡肠，都能让人回味好长时间。到现在，我仍然记得冬夜里，当竹篮的笼布掀起时，那扑鼻而来的香味……

无论时光如何变迁，存留在心底关于故乡的印迹却是难以磨灭的。偶尔那些逝去岁月的影子还会在脑海中浮现，回味起来，历久弥新，温暖而值得怀念。

陈华春和他的画像砖

初见陈先生,纯属偶然。

初夏的宁强凉风习习,阳光并不炙热。县文化馆的围墙上,爬满了绿色的藤蔓植物,院落里散放着许多年代久远的石槽和石缸,我正努力辨认着上面早已模糊不清的图案时,遇见了陈华春先生。他对这些很是熟悉,几句下来,彼此相熟了,陈先生便邀请我去他的工作室坐坐。

原来他的工作室就在文化馆四楼,一进门,眼前便觉一亮。不大的工作室里,满满当当摆放着各式画像砖及篆刻石料,墙上的画框里则是他拓印的各种砖石作品拓片。黑红相间的色彩、质朴古拙的风格,每一件作品都独具特色。不大的画案上,厚厚一沓水墨小品,不大,却都独具匠心,令人爱不释手。

陈先生说,这是他平日里练习的小作品,书法篆刻才是他的老本行。

"刻了几十年了,以前没有好石料,就拿普通的青砖练下。结果发现在普通青砖上刻出来图案更有味道,于是就这么一直刻下来……"说起自己的篆刻生涯,陈先生有许多的感触。

陈先生的父辈们也喜爱书画篆刻,因此他从小颇受影响,后来他也拿起刻刀,学着篆刻,现在颇有名气。

作为一个土生土长的汉中人,陈华春对汉水文化有着深厚的感情。在他的作品中,我们也常常能够看到浓郁的本土情结。宁强地处偏隅,又与少数民族混居,因此,文化艺术上既有汉族文化的特点,也有羌族的文化特点,两者交融，便形成了如今具有典型地域特征的艺术文化风格。而在他的作品中，会把对生活最平实的理解和感受也融入其中，平和、朴实且单纯。

两汉时期，画像石与画像砖就已经开始盛行，汉水流域多有此类作品留存，多分布在汉中、安康等地，尤以魏晋南北朝时期的居多。由于魏晋南北朝正处于特殊的战乱时期，许多文人士大夫为躲避战乱和迫害，隐居于汉水流域一带，因此，造就了这一时期汉水中上游文化的繁盛。在陕南地区出土的画像石、画像砖中，多以几何纹、花鸟纹为主，如精致的枝缠花、莲荷叶等，遵循了中国传统纹样中对称均等、阴阳平衡的原则，具有强烈的装饰性。也有以人物形象为主的砖石纹样，如手持武器的武士和身着长袍的官吏，人物造型简约，刻画线条简练古朴，对研究这一时期汉水流域的人文及社会发展情况，有很大的价值。

陈先生早年曾做过教师，后来扎根于宁强县，在文化馆从事艺术文化工作，专心致力于研究羌族文化。因此，在他的砖石刻印作品中，经常能够看到羌族文化的印迹，这是传统画像砖、画像石内容上的一个创新。他突破了传统题材的限制，除了基本的花鸟和人物外，还加入了许多汉水流域人们生活的场景和内容，既有反映过去生活的，也有表现现代人生活的，并融入了自己多年对此的理解和感情，赋予了每一块砖石无穷的生命和意义。

羌族是祖国多民族大家庭中历史最悠久的民族之一。早在三千多年前殷代的甲骨文中就有关于羌人的记载。羌，是当时中原部落对西部（陕西、甘肃、宁夏、新疆、青海、西藏、四川）游牧民族的泛称。历史上因时代、地域的不同，羌人又被称之为"姜""氐羌""西羌"等。[①]宁强县原名宁羌，系卫州旧称。古属梁州，东周以前为氐羌所据，秦汉为葭萌县地，唐初在

---

① 孙运来主编，《中国民族》（七），吉林文史出版社，2014年，第50页。

阳平关设三泉县,宋乾德三年（965年），三泉县直隶京师，开我国历史上中央直辖县之先河，后改名为"宁强"。

自夏商周时期以来，羌人就在此地生活，留有大量的生活遗迹和故事传说，无形之中，羌文化已然成了宁强一个地域性的文化符号。羌人喜住碉楼，着特有的民族风格衣饰，好饮咂酒，唱山歌，有自己的生活风俗习惯。陈先生在几十年的工作中，不断收集与之相关的内容，并将其转化为自己刻刀下的艺术语言。

他刻羌文化的图腾，羊头，带着尖利而弯曲的羊角。

他刻治水的大禹。大禹披衣戴冠，执治水工具而立。上部刻有大禹治水摩崖石刻遗迹，将创作与地域文物相结合。

他刻羌人的舞蹈。如马

羌图腾——顶羊头的男人是羌，顶羊头的女人是姜，羌人因羊而美丽。吉祥的羊，追逐古老和至尊；在青铜器的皱纹里，铸造一个民族的羌字；在会意与形声中，留下千年一觉的无题……

家窑文化中的舞蹈彩陶盆纹样一般，五个四肢伸展的小人，环绕着手舞足蹈，欢乐祥和。他刻羌人的羊皮鼓，"咚咚"的鼓声犹在耳，也刻羌人的羊皮小褂、碉堡房屋。

在《羌碉》这幅作品中，他仿效了两汉时期蜀地的砖石雕刻风格，用简约的手法刻出了高高耸立的碉堡和碉堡下繁密的树荫，河水中鱼儿肥硕，水草丰美。

羌族文化在陈先生坚硬的刻刀下，呈现出一种另类的美感。陈先生的诗歌朴实直白，没有华丽的修饰和辞藻，他用一种最直接的方式，甚至近乎白话的文字，给他的刻印作品做了最好的诠释。

宁强作为汉水上游的一个小县城，在整个汉水文化中占有重要的位置。几千年来，这里形成了特有的陕南本土文化，汉水上游的地域文化，独具特

大禹治水——追水的刀，行在青砖上，在东流为汉的水里，我把禹刻成了一个大字，立于水面之上……

色。无论是诗歌还是民谣，就这么一辈一辈口耳相传下来。多年来，陈先生把这些流传下来的诗词歌谣，经过收集和整理，刻成画，编撰成了一本《宁强羌文化画像砖谱》。

在这些简约的图案和质朴的文字里，我读出了生活于此地的人们对这片土地的热爱和深情。

他刻录了汉水上游人的衣食住行，他们的日常生活，他们的风俗习惯以及他们的喜怒哀乐，如打春牛、杀年猪、踢毽子、荡秋千……

在《搅团》这幅作品里，青砖上部分刻了两个围绕在锅灶旁的人，一人直立，手执长勺，搅动着大锅里热气腾腾的搅团。锅灶的另一边，蹲踞着一个人，正往炉膛里填送柴薪。人物造型均为剪影，与古老的岩画相似，又仿佛象形文字的引申。简洁明快，富有生气。而在青

高高的羌碉，倒影在玉带河的怀抱里，鱼儿逗留在她的周围，像一种装饰的缘分。与鲜艳的杜鹃花，白白的云朵，雨洗过的蓝天，共同陶醉。即使秋风吹过，花香不减，羌碉还是羌碉，但又长了一年心事……

砖的下半部分，则是一段关于图片小诗：

> 米泡胀，磨碎入锅，如一轮满月；点燃火，气泡从锅的喉咙里，唱出软绵绵的歌。搅木棒，碎一锅热月亮，惊乱成一团。凉后，带料汤，登上餐桌。

我尤其喜欢这些朴实无华的诗歌，它们来源于民间生活，来自于内心最真实的声音，就像他刻刀下描绘的爱情：

> 五月五来是端阳，缝个香包送情郎；白日挂在哥衣领，夜晚挂在枕头旁；睡到半夜摸一把，只见香包不见郎。

> 阿妹早上就想哥，太阳直射照山坡。转了一圈又一圈，抱了一抱又一抱。

> 扁担担水系系长，双手抓住桶梁梁；屋里还有满缸水，假装挑水望小郎。

搅团

只见香包不见郎　　　　阿妹早上就想哥　　　　扁担担水系系长

在宁强这个多民族混居的地区，文化多样化和注重女性生命自主意识表现得尤为突出。流传下来的诗歌和民谣中，很多都是表现女性追求爱情幸福、婚姻自主的内容。

在陈先生以表现爱情为主题的作品中，人物和文字都被处理成了简单的符号，黑色和红色相互映衬，突显其颇具土味的淳朴风格。

陈先生自称"土公"，他的书斋也自命为"土斋"，他的印章则为"土斋土公陈华春"，就连他自己编撰的文集，也命名为《土斋土话》。陈先生说，他出身农民，从小就与土地有着不解之缘，在他的心里，艺术也与土地有着密切的关系。他希望自己的作品能够紧贴土地，做一个真正的"土人"。

陈先生专事刻印十几年，平日里酷爱研习书法和写作，常有文章发表，既有他对刻印书法艺术的一些想法和见解，也有对生活的感言。陈先生平日里不喜社交，厌倦笔会等繁杂活动，更多的时间都待在他的土斋里刻刻写写，用他自己的话来说，就是书斋如同庙宇，他每天就像和尚一般，和尚就应该待在庙里。

隔了一段时间，偶有时间再去拜访陈先生，半路上打电话告知。等到了土斋，陈先生满头大汗地递给我一枚刻好的印章，脸上满是歉意。

"得知你过来，赶着时间才刻好的，有点潦草……"

我接过仔细端详，原来刻的是我的一枚名章，一时感动不已。陈先生就是这样做事认真的一个人，即便是一枚小小印章，也极尽心力。

刻了十几年的印章，研究了小半辈子的书法，陈先生说，他现在对绘画产生了极大的兴趣。说话间，他翻出厚厚一沓画来，摊到画案上给我看。

"都是平日里练手画的，没有经过专门的学习和训练，只是想把自己的思想表达出来而已。"

每日里看书、写字、刻印、画画，几乎成了他生活的全部，偶有闲暇，也会到后山散散步，去河里游游泳，会会朋友喝喝茶，生活悠然而自在。他的绘画亦如他的生活一般，不讲究笔墨，不苛求画材，只是在生宣上用毛笔进行简单的描绘。陈先生的绘画像极了他的刻印作品，直白、自然，色彩明亮而富有浓郁的生活气息。他把对生活和艺术的理解都融入了画笔之间，用简约的线条和色彩，表现内心的祥和和宁静。

一朵花、一片云、一只鸟、一条鱼、几个闲坐的人、一处闲置的小亭……陈先生的画里，将中国传统绘画中所推崇的大拙之美以及铮铮文人内心的平静与淡泊表现得淋漓尽致。他在如今这个处处崇尚物质利益的社会，能拥有这份心境，实属难得。

陈先生的绘画作品

陈先生对汉水也有着极为深厚的感情。他从小生活在汉水之畔,与汉水结缘,年轻的时光都奉献在了这里。每天去江边走走看看,已经成了生活中的一个习惯。或许,正是汉水的宽容和博大,才练就了陈先生对待艺术如此执着的态度和深厚的情谊,并创作出了如此丰富的艺术作品。

也许,正如陈先生自己所言:"搞艺术很难,难在无止境,难在通别类,难在避开生存的围剿,凭一颗理想的心在支撑。理想的高度决定了艺术的境界。有时候,人需要孤独,这是高尚的,是一种美。艺术是人的艺术,艺术如人,人因艺术而美丽。"

栖居在汉水上游的人们，受汉水的滋养，在陕南这样一个具有人文历史和江南美景的地域里，形成了自己对于生活的独特感受和理解。在汉水流域，还有许多像陈先生一样的人，热衷于把这些感受和心得融入艺术创作，并为之奉献毕生的时间和精力。

　　愿这种美丽一直延续下去，如汉水一般，源源不断，生生不息。

本文照片均由陈华春提供

汉水之源

溯水而上,寻访汉水之源。

关于汉水的发源地,众说纷纭。班固在《汉书·地理志》中曾记载:"《禹贡》嶓冢山,西汉所出,南入广汉白水,东南至江州入江,过郡四,行二千七百六十里。"而晋代常璩在《华阳国志·汉中志》中则说:"汉有二源,东源出武都氏道漾山,因名漾。《禹贡》'导漾东流为汉'是也;西源出陇西(西县)嶓冢山,会白水,经葭萌入汉。始源曰沔,故曰'汉沔'。"① 后又有桑欣的《水经》和郦道元的《水经注》,均认为沮水为汉水之源。

然而,一直以来生活于汉江两岸的人们,都认为汉水的源头就是宁强的玉带河。1989年版的《辞海》也持此观点,然而1995年新编的《宁强县志》记载,汉源应该是玉带河上游的赵家河,其源头在双河乡(今并入阳平关镇)东沟村的邓家沟。据编者宋文富先生说:"这里东距黑窝子六七里,西至四川草坝子二里,南去云家梁十里左右,北离廖家河坝二三里。""由邓家沟缘小溪西北行一里许抵水池垭,山未穷而水已尽。水池垭海拔1650米,是汉江流域与嘉陵江流域的另一分水岭,西北坡水入东沟,下游为韩家河,从阳平关西汇入嘉陵江,东南坡即玉带河之源泉,也即汉水之源。"②

---

① 常璩撰,刘琳校注,《华阳国志校注》,巴蜀书社,1984年,第103页。
② 刘清河主编,《汉水文化史》,陕西人民出版社,2013年,第7页。

5月初,在友人的陪伴下,我沿着玉带河溯游而上,寻访汉水之源。

初夏时节,满山都是郁郁苍苍的树木和植被,沿山路一直上行,右边是陡峭的山壁,左边是潺潺流淌的小溪。越过小溪,则又是一片葱茏的山坡和树林。

我们一直沿着小溪边行进,溪水并不宽阔,清浅见底。"叮叮咚咚"依山势直下,有时急促,有时轻缓。山里的水极其清冽,即使是盛夏时节,依旧冰冷刺骨。于溪水边小憩,能清晰地看到水底的沙石和水藻,还有细小的游鱼,伸手欲揽,它们已敏捷地钻入水底。

小溪边绽放着大量白色的野鸢尾花,沿着溪岸连成了一片,煞是壮观。与城市里盛开的鸢尾花不同,这里的鸢尾花具有大山里的野气。茂密的松树林间,落满了厚厚的松针和杂叶,踩在脚下如厚毯一般。阳光透过松枝的间隙,在林间洒下斑驳的树影。

幽深的峡谷边,长满了白色的鸢尾花

蹚过小溪，是一大片密密麻麻的竹林。陕南的山区盛产竹子，尤其到了春天，山区的竹林里到处都能看到新萌芽的竹笋，露着青绿的小尖。及时挖掘出来，用水煮后，可清炒凉拌，是餐桌上的一道美味佳肴，当地人把这种竹子称为"毛竹"。与北方的竹子不同，南方的竹子整体偏细，叶尖狭长，披针形。当地人也时常用这种竹子编做竹篓等器物。除了竹子，初夏时分，遍地生长的还有鱼腥草等野菜，也都是当地人喜爱的菜肴。

据朋友介绍，沿汉水之源向上，均属生态自然景观风景区，其中有不少未被开发和破坏的原始森林。各种植被丰厚茂密，如珍稀的红豆杉和香樟。偶尔也能看见一些珍稀保护动物，如白鹤、豹等。这里是一个较为封闭的世外桃源。这里一年四季景色都不同，春夏野花遍地，树木繁密；秋天红叶漫山，果实累累，秋意盎然；冬天则冰雪覆盖，冰柱林立，是欣赏雪景极佳的地点。

沿溪水继续上行，山路并不陡峭。脚边盛开着各种不知名的野花，在坡地上，一大片白色的小花引起了我的注意。这是一种野莓的花儿，只盛开在初夏时节，它的果实洁白如雪，如同一个缩小版的草莓，当地人称它为"袍儿"，小时常常吃到，酸甜可口，如今，只有在这远离都市的山野里，才能再次看到它们的身影。因为此时只是5月，要到6月初，果实才能成熟，心里不免有些遗憾。

抬头间，远处的山峦郁郁葱葱，一派初夏的繁盛景象。树木倒映在溪水中，影影绰绰，带来一丝清凉的感觉。

绕过一处浅滩，转弯处忽现一池深潭。潭水碧绿如玉，周围绿树成荫。有小股的清泉从高处汩汩而下，沿着嶙峋的石壁悄然跌下。潭水想必很深，石缝下有鱼游过，偶有树叶跌落在水面上，激起层层的涟漪，旋即又消失得无影无踪。

汉水之源 | 243

清澈如碧玉般的深潭

溯水而上
汉水文化寻访之旅

山风吹过，带着一丝大山的野气，还有一丝丝微凉。耳边有隐隐的鸟叫和虫鸣，使得这幽静的大山变得格外富有生气。

渐渐地，小溪被隐没在大山里，耳边只听得时断时续的流水声，却见不到它的踪迹。脚下山路平坦，两边绿荫浓密，山石陡峭。阳光只在山巅上留下足迹，光线变得阴暗了许多，脚下的泥土地也逐渐湿滑起来。高大的树木比比皆是，有的甚至横亘在狭窄的道路之间，需要小心地绕过。有巨大的藤蔓缠绕在树上，又垂直地落下，需要小心翼翼地绕过。大大小小的岩石罗列在小路的两边，岩石上布满了青绿的苔藓，一股浓重的泥土味道迎面扑来。

又走了半小时的路程，忽然听到巨大的流水声。朋友说："快到了，那里就是汉水之源。"于是加快了脚步，顿觉眼前豁然开朗，在一处绝壁前，悬着一道白练般的瀑布。

这是一个环形的山谷，道路自此而止。20多米的石壁上，瀑布正倾泻下来。两三米宽的水面，奔流而下，冲击出一个宽阔的水潭，潭里汇聚了一池清澈的绿水，还有不少的水草和绿藻沉积其间。由于常年流水冲刷，石壁已经变得极为光滑。石壁上镌刻着四个大字：汉水之源。

汉水源头

距离瀑布不远处，还有一处浅浅的水流，从石缝间蜿蜒而下，水流清澈，晶莹似玉，汇流到水潭中，水汽润透了附近的土层，大大小小的岩石散落在四周，上面布满了青绿的苔藓，湿滑无比。水流附近的植被低矮，但长势茂盛。尤其是几株兰草，身势挺拔，傲然立于水边，独有一种清高的姿态。这算是汉水之源的另一个小小的支流吧。或许，在静谧的大山里，还有很多这样细小的支流，它们顺着山势，不断流淌，汇集到一起，形成蜿蜒的小溪，最终壮大成奔腾的江河。

　　若不是亲眼所见，很难想象，宏伟壮阔的汉江就是从这里发源而来的，只是一泓清浅的水湾，就造就了一条波澜壮阔的河流，并孕育出不同的人文、历史、地理和生态等一系列文化。当然，这里也还不算是汉水最初的源头，倘若再继续循着瀑布往上，那清澈的水流之源应该还在更深的地方。然而绝壁在此，已容不得人再往前继续探寻了。

　　坐在瀑布前的草坪上小憩，抬头仰望，水流正源源不断地从山石的上方流淌下来。微风吹过，有细密的水滴随风滴落在脸颊上，隐约有初夏的味道。忍不住遐想：倘若逆流而上，在那幽深的峡谷里，那一泓透凉的流水，究竟生发于哪里？汉水之源，于我而言，终究只是一个谜。

　　然而，无论它出自何方，它都源自于我脚下的这片土地，深邃，神秘。距离如此之近，却又如此遥远。

　　距离瀑布不远处，巍然挺立着一棵不知名的大树，树冠繁密，阳光从狭小的山峰间透了进来，刚好照射在树冠上。远远望去，那树冠竟然像透明的一般，树叶青绿似碧玉，闪着奇异的光芒，黑色的树干随意伸展，如同柯罗笔下那幅名画《孟特芳丹的回忆》。

　　在树下静坐片刻，滔滔的水声不绝于耳，太阳渐渐西斜，余光斜照在山顶，凉气随着水流渐渐渗了上来。朋友招呼，该是返程的时候了。

汉水源头如梦幻般的大树

汉水之源

沿着来时的路途，我们告别了汉水之源。潺潺的水声还依稀在耳边回响，再回望时，它已经消失在密林之间。

寻访汉水文化之旅，至此画上了一个圆满的句号。从宁强嶓冢山流出的这缕清泉，东南经勉县为沔水，东经褒城县合褒水始为汉水。东南流经陕西、湖北两省，曲折蜿蜒，逾千里，入长江。这条河对我而言意义重大，它不仅仅是生我养我的故土家园，它更是中华民族文化一支重要的组成部分。此次对于汉水之源的探寻，让我加深了对汉水文化的理解。汉水之源作为宁强县一个重要的旅游资源，现在已经逐步在开发，或许在不久的将来，会有更多的人来此探访神秘的汉江源头。

后 记

写下这些文字的时候,蓦然惊觉,时针已指向了乙未年初春某日的凌晨时分。此时,距离我初始写下此书的第一段文字,已经过去了整整一年的时间。

或许是因为我从小生长在汉水边的缘故,对于汉水,我有着比别人更为深厚的感情。汉水,是我的母亲河,它伴随着我,经历了人生中最重要的那些年岁。也会继续伴随着我,走完人生余下的历程。

汉水,拥有悠久的历史,并孕育了丰富的文化和艺术。愈是深入了解,愈是体会深刻。尽管汉水文化在理论上已经形成了一个较为完整的体系,但我仍然希望能以另一种视角,用考察的形式,去描摹一个真实的汉水。

写作的过程,充满了各种困惑和艰辛,甚至有几次我都想放弃。但出于对汉水的一腔热爱,在朋友们的帮助和鼓励下,最终我以游历的形式,考察了汉水流域的一些主要城市,用文字、影像和图画,去感受汉水文化的独特魅力。

时光总是匆匆,转瞬已过新年。2014 年,对我来说是不平凡的一年,这一年里,我将所有的文字、图片汇集起来,最终付梓成稿。

这里,要感谢陕西师范大学出版总社给予我这次独立创作的机会。同时,要特别感谢王慧子编辑,在整个撰写过程中,她经常给予关心和帮助,甚至在图片的搜集和整理上倾尽心力,让我由衷感动。

同时，还要感谢陕西理工大学历史文化与旅游学院院长梁中效教授，及文学院院长刘清河教授，十堰市摄影家协会罗喜周先生，襄阳市委党校张成武老师等。这些在汉水文化研究领域已有所建树的前辈们，给予了我最大的帮助。

最后，还要感谢我的家人和朋友。由于时间紧迫以及个人知识有限，这本书还存在许多问题和不足，希望读者朋友们批评指正，提出宝贵意见。

2015 年 3 月 1 日于蕙心雅舍